Edda
Einführung

Für Mira

Patrick Peters,
geboren 1983 in Mönchengladbach, studierte Germanistik, Anglistik und Amerikanistik in Duisburg und Essen und promoviert aktuell über ein Thema aus der Älteren Deutschen Philologie an der Universität Duisburg-Essen. Patrick Peters lebt als Journalist und Buchautor in Mönchengladbach.

Patrick Peters

Edda
Einführung

Oldib Verlag
Oliver Bidlo

Lerchenstr. 33, 45134 Essen,
Umschlaggestaltung: Oliver Bidlo
Titelbild: Johann Heinrich Füssli 1741-1825: The fight of the Thor with the queue of the Midgard, © Visipix.com
Herstellung: Books on Demand GmbH, Norderstedt
ISBN 978-3-939556-02-2

Inhaltsverzeichnis

Zum Geleit

Die *Edda* – seit über 800 Jahren sorgen diese beiden Sammlungen altisländischer Götter- und Heldenlieder für Verwunderung, Neugier und gelegentlich auch Befremden, rufen eifriges wissenschaftliches Interesse hervor und bieten den Boden für tief gehende, strenge und methodisch eng geregelte Analyse.

Nun wird sich zwar auch dieses Büchlein im Rahmen der oben genannten Schlagworte mit dem eddischen Liedgut beschäftigen, aber es soll dieses Vorhaben weder mit eisenharter akademischer Schärfe noch einem fanatisch-faustischen Erkenntniszwang angegangen bzw. durchgeführt werden.[1] Daher ist auch der Titel des Bandes mit bedacht gewählt. *Edda. Einführung* ist auf dem Buchdeckel zu lesen, und diese Bezeichnung ist Programm: Es geht nicht etwa um den „Einfluss des Ausbruchs eines als Geysir getarnten Vulkans im Westen Islands am 5. Juni 903 auf die Entstehung des eddischen Liedes xyz",[2] sondern ganz generell um die Texte, die unter dem Begriff *Edda* zusammengefasst worden sind sowie ihre Bedeutung und ihr Wesen. Nicht von Bedeutung für diese Einführung, die sich an Studierende der Geisteswissenschaften, aber sehr wohl auch an interessierte Laien richtet, ist also alles, was sich nur mit strenger wissenschaftlicher Methodik bearbeiten ließe und damit den gebotenen Rahmen einer Einführung sprengen würde oder solche Themen, die einfach zu speziell für ein breiteres Publikum sind. Dem entsprechend sind natürlich auch keine neuen Erkenntnisse zu erwarten, es handelt sich eher um einen ausführlichen Rekurs auf ausgewähltes Vorhandenes.

Alle Dinge, die besprochen werden, orientieren sich an wissenschaftlichen Abhandlungen (zumeist längere Überblicksdarstellungen, einige davon älteren Datums, manche neuer, eine gar in englischer Sprache) bzw. bauen auf den selbigen auf und entspringen nicht der Phantasie des Autors. Für zusätzliche, weiterführende und vor allem themenspezifische Literatur[3] zur Edda, zur altnordischen Literatur im Allgemeinen und zur germanischen Mythologie, empfehle ich die ausführlichen Bibliographien in den Standardwerken von Clover/Lindow,[4] Uecker[5] sowie die Angaben bei Simek.[6] Für Lesetipps zur alt- und mittelhochdeutschen Literatur liefern die Literaturhinweise in den Texten, die ich zitiere und in der Anmerkung angebe, wertvolle Hinweise.

Nicht alles, was im Kontext der *Edda* als spannend erscheint, kann hier im Einzelnen behandelt werden, und möglicherweise würde ein anderer Autor andere Schwerpunkte setzen. Ich habe die Themen so gewählt, dass sie breitestmöglich über die *Edda* und ihre kulturellen Hintergründe informieren und dem Leser Anhalts- und Eckpunkte an die Hand geben: Entweder, um seinen Wissensdrang in Bezug auf die *Edda* im Großen und Ganzen befriedigt zu wissen. Oder aber, um auf eigene Faust über andere Themenkomplexe weiter zu forschen. Um einen angemessenen Rahmen zu schaffen, soll es in Kapitel 1 interessieren, in welchen Kontext die *Edda* überhaupt einzuordnen ist. Die Geschichte des isländischen Mittelalters wird resümiert, und es wird beschrieben, welche kulturellen Bedingungen herrschten. Vor allem wird es dabei wichtig sein, auf die Stellung des Christentums im alten Island einzugehen. Außerdem wird ein kurzer Abriss der altnordischen Literatur geliefert, um nachvollziehen zu können, wo die *Edda* im Vergleich zur übrigen Literatur ihrer Zeit steht und wie sich das literarische Island des Mittelalters darstellt. Da auch Sprache und Sprachentwicklung zur Kultur eines Landes bzw. einer Nation gehören, wird es auch einen kurzen Abstecher in die isländische Sprache geben.

Besonders möchte ich den Einfluss der nordisch-germanischen Mythologie auf das eddische Literaturgut aufzeigen sowie die Themen, Gestalten und Motive dieses alten Glaubens verständlich darlegen. Ohne ein grundlegendes Verständnis des nordisch-germanischen Götterpantheons, ihrer Ränke und Spiele, ihrer Abenteuer und ihrem Ende im Ragnarök und Muspilli, ist eine angemessene und sinnvolle Beschäftigung mit der *Edda* nicht möglich. Deshalb wird ein großes Kapitel, das zweite, sich ausschließlich mit germanischer bzw. nordischer Mythologie beschäftigen, und folgende zwei Fragen werden dabei zu Beginn des Kapitels im Vordergrund stehen: Was ist Mythologie und welche Rolle spielt sie für die Menschen ihrer Zeit? Der Hauptteil dieses Abschnittes wird sich dann mit einem Überblick über die wichtigen Gestalten und Themen der nordisch-germanischen Mythologie befassen. Die Auswahl geschieht im Hinblick auf ihr Auftauchen und ihre Verwendung in der Edda. Der Abriss der Mythologie hat seinen Grund: Spätestens in Kapitel 3, wenn es daran geht, einige eddische Texte zu analysieren und ihre Themen darzustellen, wird man sehen können, wie immens wichtig es ist, vor der Lektüre der *Edda* bereits etwas über Odin, Thor, Loki, Ymir, Walhalla, Mjöllnir, Sleipnir, Hel, Asgard, Naglfar, Wanen und so weiter gehört zu haben. Ansonsten kann man, und das sage ich mit vollster Überzeugung, nichts von dem, was die alten Dichter uns sagen wollten, verstehen.

Das dritte Kapitel wird auch dasjenige sein, welches auf die Grundlagen eingehen und zu vielen verschiedenen Punkten Stellung nehmen wird. Dabei soll unter anderem auf folgende Themenbereiche zurückgegriffen werden: Die beiden Sammlungen, die unter dem Oberbegriff *Edda* subsumiert werden; der Name *Edda*; die verschiedenen Liedgruppen; die Überlieferung der Sammlungen; Datierung und Autorschaft der *älteren*

Edda; Vortrag und Strophenart; christlicher Einfluss; Themen der Edda; Analyse einiger herausragender bzw. exemplarischer Lieder; die Edda des Snorri Sturluson. Die Textanalyse wird dabei im Mittelpunkt stehen, vor allem die Lesung der *Völuspá*, jenes „großartige Gedicht von der ‚Weissagung der Seherin'".[7] In der meiner Analyse zugrunde liegenden Simrock-Übersetzung nennt sich das Gedicht „Der Seherin Ausspruch". In diesem Text wird die „ganze heidn.-german. Kosmogonie vom Chaos der Urzeit über die Erschaffung der Riesen, Götter und Menschen bis zum Weltuntergang zu den Ragnarök und dem Beginn einer neuen Welt"[8] dargestellt, und deshalb soll es uns als exemplarisch für die eddische Dichtung sein. Ein weiterer Schwerpunkt wird auf der Edda des Snorri Sturluson liegen: Dabei wird von Interesse sein, worum es in Snorris Werk geht und wie sich seine *Prosa-Edda* von der *Lieder-Edda* unterscheidet.[9]

Das vierte Kapitel wird sich mit althochdeutscher Literatur befassen, Textanalysen der *Merseburger Zaubersprüche* liefern und kurz die Probleme der Übersetzung ins Neuhochdeutsche bzw. der Interpretation darlegen. Im Kontext des ersten Spruches wird nach der Interpretation die Verbindung zum eddischen Lied *Svipdagsmál* hergestellt, der zweite Spruch ganz allgemein in Bezug zur nordischen Mythologie gesetzt.

Das fünfte Kapitel wird für manchen Leser wunderlich wirken, wenn auf einmal die Rede von fantastischer Literatur, „Abarten" des Heavy Metal – genauer: Pagan, Folk und Viking Metal –, und Richard Wagners *Der Ring des Nibelungen* sein wird; aber diese Beispiele illustrieren das, was man moderne Rezeption nennt. In der Welt John Ronald Reuel Tolkiens,[10] der Musik von unter anderem Taunusheim und Adorned Brood besteht die *Edda* samt ihre Themen weiter.[11] Dieser Abschnitt wird in diese Rezeption einführen, Beispiele für die verschiedenen Arten der Rezeption anführen und sie letztendlich auf die Edda *und* das Werk des Künstlers beziehen. Dabei soll weniger nach den Maßstäben von richtig oder falsch über den Rezipienten ‚gerichtet', sondern eher dargestellt werden, wie die moderne Rezeption funktioniert und aus welchem Grunde sie überhaupt stattfindet.

1. Zum isländischen Mittelalter

Das folgende Kapitel, welches das erste längere in diesem Band darstellt, wird die mittelalterliche isländische Geschichte sowie Literatur behandeln. Dies hat den Sinn, den kulturellen, historischen und literarischen Rahmen der eddischen Dichtungen zu skizzieren und für den Umgang mit der Edda verwertbare Rand- bzw. Hintergrundinformationen zu liefern. Außerdem, so Heiko Uecker, „muss einleitend auf die Geschichte Nordeuropas [in unserem Kontext genügt Island; Anmerk. d. Verf.] eingegangen werden, denn vieles in der altnordischen Literatur nimmt direkt Bezug auf die Vergangenheit."[12] Die Darstellung folgt einem stringenten chronologischen bzw. thematischen Verlauf, in der allgemein historischen wie auch kultur- und literarhistorischen Entwicklung.

Die isländische Geschichte des Mittelalters

Die erste Besiedlung bis zum Beginn des Freistaats

Klare Hinweise, wann die ersten Menschen Island, diese schnee- und eisbedeckte Insel im Nordatlantik, zuerst erreichten, gibt es nicht. Zwar hat man römische Münzen, die ungefähr aus dem dritten Jahrhundert n. Chr. stammen, auf der Insel gefunden, aber dennoch lässt diese Entdeckung keine Rückschlüsse auf das erste Auffinden bzw. die erste Besiedlung Islands zu – die ungewisse Herkunft der Münzen verbietet jede Spekulation. Die drei Münzen stammen, so haben archäologische Forschungsarbeiten ergeben, aus der Zeit zwischen 270 und 305 n. Chr. Zwei von ihnen wurden in den Ruinen eines Bauerngehöfts in der Nähe der Stadt Bragðavellir gefunden, die dritte am Strand von Hvalnes. Die Fundorte liegen beide im Südosten Islands, dort, wo die Seefahrer und Siedler des nordeuropäischen Festlandes meist ankamen. Diese Münzen sind die einzigen Zeugen der so genannten „Landnahmezeit", auf die wir in Kürze zu sprechen kommen werden.

Es wurde früher gerne und häufig postuliert, dass der griechische Mathematiker, Astronom und Geograph Pytheas (um 300 v. Chr.) aus der griechischen Kolonie Massalia, dem heutigen Marseille, der erste war, der Island in seinem berühmten Reisebericht *Vom Ozean* erwähnt hat. Pytheas segelte um 325 v. Chr. entlang der spanischen Küste nach Nord-West-Europa. Von der Landspitze von Cornwall aus folgte er der Westküste Britanniens und erfuhr von einer Insel, die mit dem Schiff sechs Tagesreisen nördlich lag. Der Forscher fand ein Land, dass er „Thule" nannte, was so viel wie „das nördlichste bewohnte Land" bedeutet. „Ultima Thule" wurde dann bei den Römern zum Ausdruck für das entfernteste unbekannte Land, und noch viele Jahrhunderte nach Pytheas war Thule als Synonym für das nördliche Europa gebräuchlich. In diesem Land, so Pytheas, gehe die Sonne während der Sommersonnenwende niemals unter. Dieser Teil des Berichtes passt zwar auf Island, aber dennoch ist es so gut wie unmöglich, dass er tatsächlich Island erreicht hat: Pytheas gibt an, sein Land Thule sei bewohnt, und das schließt unsere Insel aus, da es dort bis heute keine archäologischen Zeugnisse von Menschen oder Siedlungen aus dieser Zeit gibt. Vielmehr deuten neuere Untersuchungen des Textes *Vom Ozean* darauf hin, dass der Grieche keine Insel (also, wie lange angenommen, Island), sondern das skandinavische Festland gefunden hat. Man kann davon ausgehen, dass er sich in seinem Reisebericht auf einen Teil des heutigen Norwegens bezieht.

Nach Pytheas dauerte es über 1000 Jahre bis sich wieder Menschen auf eine Erkundungstour durch den Nordatlantik wagten. Es waren irische Mönche, die, vom irischen Schutzheiligen St. Patrick bekehrt, antike Schriften studierten und dabei auch auf den alten Griechen stießen. Nach dem Studium seines Berichtes begannen sie, Island zu suchen, und nach den Färöer-Inseln erreichten sie im achten Jahrhundert Island. Auskunft über diese Zeiten gibt das *Íslendingabók*[13] des Ari Þorgilsson inn fróði, Islands erstem Historiker. Er sagt, dass, als im neunten Jahrhundert die ersten Norweger nach Island kamen, dort Personen lebten, die von den Nordmännern *papar*, Priester, genannt wurden. Laut Ari verließen die Iren die Insel, weil sie nicht mit den neu immigrierten Heiden zusammenleben wollten. Andere Thesen gehen eher davon aus, dass die Norweger nicht mit den irischen Priestern zusammen leben wollten und die Iren deshalb relativ schnell das Weite suchten. Auch das *Landnámabók*[14] sagt, dass *papar* zur Zeit der Ankunft der ersten Norweger auf Island lebten, aber weder die Darstellung Aris noch die des *Landnámabók* können durch archäologische Funde bestätigt werden. Somit ist diese literarische Beschreibung mit Vorsicht zu genießen.

Bis zur offiziellen Besiedlung Islands in der Landnahmezeit braucht es aber vorher noch einmal drei Besucher. Der erste war der norwegische Wikingerkapitän Naddoddur, dessen Wikingerschiff sich um 860 auf schwerer See verirrte und zufällig im heutigen Reyðarfjörður in Ostisland ankam. Er gab der Insel den klingenden Namen *Snæland*, der wohl keiner weiteren Erläuterung bedarf. Später im neunten Jahrhundert verbrachte der Schwede Garðar Svavarsson im Norden Islands einen Winter und benannte die Insel ganz unbescheiden nach sich selbst *Garðarsholmur*. Ein Mitglied seiner Schiffsbesatzung, Náttfari, desertierte mit zwei Sklaven und siedelte sich in

Nordisland an. Dennoch gilt dieser Mann nicht als erster offizieller Siedler Islands: Sei es, weil seine Ansiedlung aus Zufall bzw. aus unlauteren Motiven heraus entstanden ist, sei es, weil er als ordinärer Matrose nicht den gewünschten Adel besaß, den es braucht, um als Gründungsvater einer ganzen Nation in die Geschichtsbücher und die Gedanken der Menschen einzugehen. Ebenfalls einen relativen kurzen Besuch soll der Norweger Flóki Vilgerðarson der Insel abgestattet haben. Er verließ die Insel nach einem harten Winter, in dem seine Schafe verhungerten; später kehrte er aber wieder nach Island zurück. Der Legende nach gab Flóki der Insel auch ihren endgültigen Namen, der sich ja von „Eisland" ableitet: Beim Anblick von Treibeis aus Grönland soll er auf diese historische Idee gekommen sein.

Mit dem Norweger Ingólfur Arnarson beginnt die Landnahmezeit. Er ist der erste offizielle Siedler Islands. Wie ich oben sagte, wird Náttfari wegen fehlender Noblesse nicht gezählt – wirklich nobel war Ingólfur aber auch nicht gerade, wenn man bedenkt, dass er wegen zahlreicher Totschlagsdelikte sein Land in Norwegen verloren hatte und daraufhin exiliert wurde. Aber – und wahrscheinlich liegt hier das Qualitätsmerkmal im Gegensatz zu Náttfari –, *vor* seiner Exilierung war Ingólfur ein Edelmann mit viel Besitz und einigem Ansehen. Doch belassen wir es dabei. Jener Ingólfur zieht also mit seinem Ziehbruder Hjörleifur Hróðmarsoon, ihren Familien und ihrer gesamten Habe 870 nach Island. Er erreichte die Insel an der Südküste, wo er sich nahe dem heutigen Skaftafell-Nationalpark niederließ, verlegte seine Siedlung aber später in die Gegend der heutigen Hauptstadt Reykjavík. Hjörleifur segelte weiter, wurde aber auf der Seereise von seinen irischen Sklaven erschlagen. Bis heute hat es sich eingebürgert, ich sagte es, die Besiedlung durch Ingólfur im Jahre 874 anzusetzen, obwohl sie wahrscheinlich etwas früher stattgefunden hat.

Mit Ingólfur beginnt die Landnahmezeit, die fast 60 Jahre bis 930 dauert. Über 400 Häuptlingsfamilien aus Norwegen sollen seinem Beispiel gefolgt sein und sich auf Island angesiedelt haben. Alle werden im *Landnámabók* detailliert erwähnt, und mittlerweile haben archäologische Funde die Aussagen des *Landnámabók* weitestgehend verifiziert. Allerdings haben Wissenschaftler die Erstbesiedlung durch Ingólfur inzwischen in Frage gestellt, nachdem auf einer Inselgruppe vor Island, den Westmännerinseln, Spuren von Siedlungen aus dem siebten und achten Jahrhundert gefunden worden sind. Diese Siedlungen werden aber im *Landnámabók* nicht erwähnt, und deswegen muss man wohl davon ausgehen, dass die Darstellung dort eine stilisierte ist, die eine Besiedlungslegende (die des Ingólfur) pflegen will, ohne alle historischen Fakten wirklichkeitsgetreu zu beachten.

Die Landnahmezeit endet im Jahre 930, und die dann begonnene Zeit wird allgemein als Zeit des Freistaats bezeichnet. In dieser Zeit wurden die Grundsteine der isländischen Nation und ihrer kulturellen wie politischen Erscheinung gelegt. Diese Ära gliedert sich in drei unterschiedliche ‚Epochen' und geht an ihrem Ende 1262 in die Zeit der norwegischen Herrschaft über.

Die erste Phase ist die so genannte „Sagazeit“ (930 – 1030), die mit der Gründung des *Althing*, des altisländischen Parlaments, beginnt. Bald nach 874, des traditionellen Jahres der Landnahme also, entwickelten sich lokale Versammlungen. Eine der ersten wurde im Südwesten vom Sohn des ‚Urisländers' Ingólfur, Þorsteinn Ingólfsson, gegründet. Schnell fand diese

politische Struktur Anhänger, und mit der Zeit lief dieser ‚Trend' auf eine ‚Republik' mit einer großen Generalversammlung, dem *Althing*, hinaus.[15] Obwohl alle freien Männer an der Versammlung teilzunehmen hatten, wurde das *Althing* in realiter von der zahlenmäßig sehr kleinen Schicht der Goden beherrscht. Goden waren mächtige großbäuerliche Clanhäuptlinge, welche als die wirtschaftliche und gesellschaftliche Elite des alten Islands faktisch die politische Macht und jedwede Entscheidungsgewalt innehatten. Diese Goden schickten den Weisesten unter ihnen, Úlfljótur, nach Norwegen, damit er dort Anregungen und Wissen für entsprechende Regeln und Gesetze, die es für eine Republik ja braucht, sammeln konnte. Seine Mission war erfolgreich und nach seiner Rückkehr wurde er von den regierenden Goden zum ‚Regierungs'- bzw. Gesetzessprecher ernannt. Das erste Althing fand im Jahre 930 statt, als Versammlungsort wurden die Ländereien eines wegen Mordes enteigneten Bauers ganz in der Nähe von Reykjavík, in Þingvellir, ausgewählt. Das Althing nun war eine jährliche Versammlung der Goden, auf der Gesetze eingegeben und diskutiert und rechtliche Angelegenheiten verhandelt wurden. Das Althing ist das erste Parlament Nordeuropas, und es besteht, wenngleich auch zur Bedeutungslosigkeit verkommen, noch heute. Island, so kann man resümieren, ist die erste Demokratie seit den alten Griechen der Antike (und das, obwohl die Goden qua definitionem als Oligarchen[16] regierten haben).
Darüber hinaus wurde das Land 965 in vier Regionen aufgeteilt, und in jeder Region gab es einige Richter zur Lösung von rechtlichen Problemen. Leider fehlte eine durchgreifende Exekutivmacht, und dies brachte zum Teil jahrelange Fehden zwischen großen Geschlechtern (man denke als literarischen Vergleich an den Krieg des Hauses Capulet mit der Familie Montague in Shakespeares *Romeo & Juliet*) mit sich. Diese Fehden

werden extensiv in den altisländischen Sagas behandelt, vor allem in der *Laxdælasaga*. Auf die Sagas werden wir später noch kurz zu sprechen kommen.

Ein weiteres wichtiges Kapitel der isländischen Geschichte stellt die Christianisierung dar, die vor keiner europäischen Kultur halt gemacht hat. Und dennoch, die Christianisierung der Nordgermanen und der Bewohner der britischen Inseln verlief anders als die der Südgermanen. Einen relativ guten und sicheren Überblick über die verschiedenen Methoden der Christianisierung erhält man, wenn man sich die Quantität der erhaltenen Literatur jener heidnischen Völker anschaut.[17] Im südgermanischen Raum wurde mit Feuer und Schwert christianisiert; dem fiel, neben unzähligen Menschen, auch ein gewaltiger Teil an Literatur zum Opfer. Somit ist nicht viel an althochdeutscher Literatur erhalten. Dazu stehen die britischen Inseln im Gegensatz. Dort verlief die Christianisierung relativ friedlich und unblutig, und dem entsprechend sind über 30000 Verse in altenglischer Sprache erhalten. Eine Zahl, von der man für den deutschen Raum nur träumen kann. Noch anders verhält sich die ganze Sache in Island – dort wurde das Christentum vom Parlament, dem Althing, demokratisch eingeführt, und dem entsprechend ist weder Mensch noch Kultur dem neuen Glauben zum Opfer gefallen. Aus primär wirtschaftlichen Interessen kam der christliche Glaube nach Island. Wie die Südgermanen verehrten auch die Isländer die germanischen Götter, aber darüber hatte es im ausgehenden 10. Jahrhundert immer wieder Spannungen mit dem wichtigsten Handelspartner der Isländer, Norwegens König Olaf Tryggvason, gegeben. Dieser war bereits zum Christentum übergetreten und setzte alles daran, dass die Isländer dies auch taten. Nach einiger Zeit wurde das Christentum dann nach und nach auf der Insel heimisch, und im Jahr 1000 wurde auf dem Althing der Beschluss gefasst, das Christentum zum Staatsglauben zu erklären. Damit gingen die Isländer vielen Problemen, die ihre südlichen Verwandten hatten, aus dem Weg: Sie erkannten ohne Gegenwehr den monotheistischen Glauben an und verehrten Gott und Christus auch öffentlich, der „Übergang zum Christentum hatte sich friedlich vollzogen".[18] Mit dieser freiwilligen Übernahme blieb den Isländern und ihrer Kultur Feuer und Schwert erspart, und sogar der alte Glaube, der weiterhin von vielen Isländern neben dem Christentum ausgeübt wurde,[19] konnte weiterleben und sein Erbe bewahren.

Mit der offiziellen Einführung des Christentums beginnt die so genannte Friedenszeit, die von ungefähr 1030 bis 1180 dauert. Bischöfe wurden eingesetzt, und auch der vom mitteleuropäischen Festland und den britischen Inseln bekannte Kirchenzehnt wurde eingeführt. Mit der Zeit und Dank der fortschreitenden Annahme und Popularisierung des Christentums in der isländischen Bevölkerung wurden auch immer mehr Klöster gegründet, an die öffentliche Schulen angeschlossen waren. Diese waren ungemein beliebt und wirkten sich äußerst fortschrittlich auf die Volksbildung aus. So positiv die Christianisierung zum Teil verlief, so negativ war auch ihre Schattenseite. Die weltliche und kirchliche Macht lag zum größten Teil in den gleichen Händen, denn die herrschenden Goden ließen sich häufig zu christlichen Priestern weihen und hatten damit eine Doppelfunktion inne. Das hatte zur Folge, dass den zu Priestern geweihten reichen Großgrundbesitzern neben ihren Einnahmen aus Landbesitz und Handel nun auch noch der Zehnt zufloss. So konnten einige Geschlechter ungeheure Macht und Reichtum kumulieren. Zu diesen kirchenpolitischen Schwierigkeiten während der Friedenszeit kam weiterhin der Versuch der norwegischen Krone, das unabhängige Island unter seine Herrschaft zu zwingen. Es scheiterte zunächst, doch sollte die Friedenszeit um 1180 zu Ende gehen und gute 80 Jahre voll Korruption, Fehden und Gewalt einsetzen, die 1262 mit der Übernahme der Herrschaft durch die Norweger endeten.

Diese Zeit der Geschlechterfehden und bürgerkriegsähnlichen Zustände wird in der Geschichtsschreibung einheitlich als Sturlungen-Zeit bezeichnet, denn das Geschlecht der Sturlungen spielte eine wesentliche Rolle bei den Verwicklungen dieser Jahre. Zwei Momente waren als Auslöser der Probleme dieser Epoche von großer Relevanz bzw. spielten direkt ineinander. Zum einen hatte sich die Macht der norwegischen Könige extrem vergrößert und einen stark expansiven Charakter angenommen; wiederum war das Ziel die Ausbreitung Norwegens bzw. die Vereinnahmung Islands. Zum anderen war die Kirche nicht länger bereit, in die bestehende weltliche Machtstruktur eingegliedert zu sein, denn ihr direkter Einfluss war dadurch eher gering. Aus dieser Konstellation ergab sich, dass sich die Kirche der norwegischen Krone als Partner anbot. Damit hatte es Island plötzlich mit zwei Bedrohungen zu tun, und die Kombination aus staatlicher Gewalt und kirchlichem Machtstreben sollte Island zum Verhängnis werden. Zu den Gefahren von außen kam dann im Laufe des 13. Jahrhunderts auch noch eine Manifeste im Inneren. Wie im Rest von Europa war es auch in Island im Mittelalter nicht unüblich für junge Edelmänner, eine Kavalierstour an einen weiter entfernten Hof zu machen und dort Sitten und Etikette kennen zu lernen. Aus rein räumlichen, sprachlichen und kulturellen Erwägungen heraus verbrachten viele dieser Edelmänner ihren ‚Auslandsaufenthalt' am Hof des norwegischen Königs. Dieser wusste sich die jungen Männer geschickt zu instrumentalisieren und ließ sich von ihnen Treueeide schwören. Damit hatte er seine eigenen Anhänger innerhalb der Führungselite Islands und wusste diese Parteien geschickt gegen einander auszuspielen. Einer seiner Anhänger war der junge Snorri aus dem mächtigen Geschlecht der Sturlungen, dem wir später noch einmal in einem anderen Zusammenhang begegnen werden. Im Jahre 1238 führte die Sturlungen-Familie einen offenen Krieg gegen andere Goden-Häuser; dabei wurde sie fast vollständig aufgerieben und vernichtet. Diese inneren Streitigkeiten und die daraus erwachsene Uneinigkeit zwischen den Mächtigen Islands machte sich der norwegische König zu Nutze. Mit einem Handelsboykott zwang er 1262 die Isländer, den so genannten „Alten Pakt“ (*gamli sáttmáli*) anzunehmen. Dieser Vertrag machte das norwegische Königshaus zum Herrscher über Island. Der norwegische Herzog Gissur übernahm als Repräsentant des Königs die Macht auf der Insel, und für fast 120 Jahre war Island norwegisch.

Die isländische Literatur des Mittelalters

Heiko Uecker unterteilt in diesem Zusammenhang die gesamtnordische Literatur des Mittelalters in religiöse Literatur, Gelehrsamkeit, historiographische Literatur, Geschichtsdichtung, Rittersagas und poetische Literatur.[20] Dieser Gliederung werde ich mich im Folgenden anschließen und einen Abriss über die mittelalterliche isländische Literatur liefern.[21] Die fehlende poetische Literatur werde ich in ihrer Vielfältigkeit im vierten Kapitel betrachten, denn auch wenn es manchem seltsam erscheinen mag, sind eddische und skaldische Dichtung eng miteinander verzahnt. Wie und in welchem Maße, das werden wir beizeiten sehen.

Beginnen wir einmal mit der mittelalterlichen religiösen Literatur Islands. Religiöse, also christliche Literatur, nahm, wie überall anders in Europa, auch auf Island einen enorm hohen Stellenwert ein. Vor allem die Predigt als „wesentlicher Bestandteil des Gottesdienstes“[22] setzte sich immer mehr auch in der volkssprachlichen Literatur durch. Die Predigt diente der „erbaulichen Unterweisung durch die Erklärung und Interpretation, gelegentlich auch der bloßen Nacherzählung ausgewählter Stellen aus den Evangelien“.[23] Predigten, auch Homilien genannt, gehören zum „ältesten Bestand der handschriftlichen Überlieferung“.[24] Auch die älteste erhaltene Handschrift der isländischen Literaturgeschichte (ca. 1150) enthält Predigten. Die mittelalterlichen nordischen Homiliare sind größtenteils in zwei Handschriften, einer isländischen und einer norwegischen, überliefert. Die isländische Handschrift enthält 52, die norwegische 34 Texte. Beide stammen, so Uecker, aus „der Zeit vor bzw. um 1200“[25] und integrieren „anscheinend älteres Material“.[26] Wie auch die kontinentale christliche Literatur gehen die meisten nordischen *sermones* (lat.: Predigten) auf lateinische Vorlagen zurück, und der beliebteste „Lieferant“[27] für diese Art von Erbauungsliteratur scheint Papst Gregor der Große gewesen zu sein.[28] Seine Predigten wurden häufig und gerne rezipiert. Dieser Kirchenvater war auf Island so beliebt, dass auch eine Sage, die *Gregorius saga*, auf der „Grundlage einer lateinischen Quelle“[29] verfasst wurde. Zur religiösen Literatur gehört auch die so genannte hagiographische Literatur. Diese überaus beliebte Gattung umfasst „Legenden, Exempel, erbauliche Anekdoten, Wundergeschichten, besonders aber zahlreiche mehr oder weniger legendenhafte Lebensgeschichten von Heiligen“.[30] Die ältesten isländischen Texte dieser Gattung stammen aus der Mitte des 12. Jahrhunderts und gehören zu den „Anfängen der Schriftkultur“.[31] Damit gehen sie den Isländersagas als Legendendichtung voraus. Die Isländer verehrten die gleichen Heiligen wie die Christen, doch nahm die Gottesmutter Maria unter ihnen eine Sonderstellung ein: Sie ist „in der isländischen Literatur die am ausführlichsten beschriebene Heilige".[32] Damit unterscheidet sich die isländische Marienverehrung nicht wirklich von der kontinentalen, eher hat sie „an der sich seit dem 11. Jahrhundert gewaltig ausbreitenden Marienverehrung"[33] teil. Die Legendendichtung mit ihren Apostel- und Heiligengeschichten ist zwar aktiver Bestandteil der isländischen Christianisierung „zur Implementierung der neuen Glaubensdoktrin"[34] und erfüllt dem entsprechend primär einen klerikalen Zweck. Nichtsdestotrotz ist sie aber ein äußerst beliebter Teil der mittelalterlichen Literatur geworden und bis heute geblieben: Während in den meisten Kulturkreisen Heiligenviten und -legenden nach der Reformationszeit ihrem Ende entgegen sehen, werden sie in Island auch nach der Kirchenspaltung durch Luther „weiterhin abgeschrieben, und das heißt eben auch: gelesen".[35] Zu diesen Legendengeschichten und Homilien kommen, wie sie auch in der kontinentalen christlichen Welt bekannt und wichtig sind, Bibelübersetzungen und mystische Literatur bzw. Visionsliteratur.[36]

Ein weiterer Teil der alten isländischen Literatur sind die Schriften der Gelehrsamkeit. Es ist aber an dieser Stelle pikant, auf das bekannteste Beispiel der isländischen Gelehrsamkeit einzugehen, denn dies ist die Prosa-Edda des Snorri Sturluson, die ich gerne für den Kern dieser Einführung zurückhalten möchte. Deshalb wird Snorri als Exponent der Gelehrsamkeit fehlen und meine Darstellung an dieser Stelle unvollständig bleiben. Wenngleich die Gelehrsamkeit für das isländische Mittelalter literaturgeschichtlich gewiss von Bedeutung ist, kann man diese Bedeutung nicht quantitativ feststellen. Wenn man von Snorris Prosa-Edda absieht, sind es nur eine weitere Textsammlung sowie grammatische Abhandlungen, die außerhalb der Lieder-Edda zur genuin isländischen Gelehrsamkeit gerechnet werden. Die Textsammlung identifiziert Uecker in seiner Literaturgeschichte als das *Hugvinnsmál*, den „Reden der Weisen", aus dem 13. Jahrhundert.[37] Das *Hugvinnsmál* ist ein Textkorpus bestehend aus „moralisierenden und didaktischen Sprüchen",[38] der aus einer Sammlung lateinischer Sprüche, den *Disticha Catonis*, der Zeit des Urchristentums im 3. und 4. Jahrhundert hervorgegangen ist. Die „Reden der Weisen" nun stellen eine Bearbeitung eben dieser lateinischen Texte dar und hatten den doppelten Anspruch, den Schülern, die diese didaktischen Sprüche auswendig lernen mussten, sowohl Lateinunterricht als auch moralische Unterweisung zu geben.[39] Die in dieser Sammlung dargelegten Lebensregeln bzw. Lebenshilfen bieten gewisse Parallelen mit dem eddischen *Hávamal.* Jedoch weisen Simek und Pálsson wie auch Heiko Uecker eindringlich darauf hin, dass ihr „gegenseitiges Verhältnis unklar"[40] und „schwer zu bestimmen"[41] ist. Nichtsdestotrotz könnte es sich um „gegenseitige Entlehnung handeln".[42] Laut Uecker sind diese Sprüche in „nahezu alle europäischen Volkssprachen übertragen"[43] worden, damit schließt sich die mittelalterliche isländische Literatur wie schon in ihrer Legendendichtung kontinentaleuropäischen literarischen Sitten an. Die Tradition der isländischen grammatischen Traktate beginnt um 1125. In diesem „Ersten grammatischen Traktat" hat der Autor in „genialer Weise ein System für die Schreibung seiner Muttersprache erfunden".[44] Die folgenden grammatischen Schriften, deren Reihe mit dem „Vierten grammatischen Traktat" um 1350 endet, beschäftigen sich mit Phonetik, syntaktischen Fragen sowie Orthographie. Zusammen mit Snorris Edda, die wie bereits gesagt in einem späteren Kapitel virulent werden wird, zeigt sich anhand dieser vier grammatischer Abhandlungen „ein erstaunliches poetologisches, rhetorisches und grammatikalisches Interesse in Island, das nach kontinentalem Vorbild Eigenständiges formuliert".[45]

Als nächstes müssen wir uns mit der historiographischen Literatur befassen. Historiographisch meint erst einmal, leicht simplifiziert, nichts anderes als Geschichtsschreibung; und doch besteht ein gewaltiger Unterschied zwischen klassischer Geschichtsschreibung, wie wir sie von den alten Römern oder in der Moderne von Golo Mann kennen, und historiographischer Literatur. Diese Divergenz deckt Uecker präzise auf: „Historiographie bemüht sich um den Sinn, und Sinn ist, was Kulturen konstruiert, nicht was der Geschichte immanent ist."[46] Damit ist folgendes gemeint: Historiographische Literatur ist keine Geschichtsschreibung im faktischen Sinne, die auf primäres und wahrhaftiges Erkenntnisinteresse über die Vergangenheit ausgerichtet ist. Eher konstruiert Historiographie die Geschichte der Altvorderen einer Kultur so, wie es die Rezipienten erwarten bzw. die eigene Epoche erfordert. In seiner Darstellung referiert und analysiert Uecker weiterhin einen brillanten Gedanken über den kulturellen Zweck historiographischer Literatur, den der Altägyptologe Jan Assmann in

> „anderem Zusammenhang geäußert hat [und] für die isländische Geschichte relevant [ist]: Historisches Bewusstsein und Interesse an Vergangenheit finde sich nur dort, wo eine Kontinuität gebrochen ist und wo Brüche erfahrbar geworden sind. Dies trifft für Island im besonderen Maße zu. Prägend sind die Erfahrungen der Besiedelung und der Landnahme sowie der historischen Ereignisse im 13. Jahrhundert, die eine nachdrückliche

> Umgestaltung der gesellschaftlichen Verhältnisse mit sich bringen. Gerade die Ausgewanderten, die ein neues Land besiedeln, benötigen eine Identität. Diese findet darin ihren Ausdruck, dass man glaubt, eine gemeinsame Geschichte zu haben, wobei es von untergeordneter Bedeutung ist, ob sie faktisch sich ereignet hat oder fiktiv aufgefasst wird. In jedem Fall konstruiert man eine gemeinsame Vergangenheit, über welche man sich Rechenschaft ablegen und der man einen Sinn geben will."[47]

Wir können hier nicht auf alle Texte, die zur isländischen historiographischen Literatur gezählt werden, eingehen, wenngleich dies zweifellos interessant und lehrreich wäre. Dafür sind es zu viele, und deshalb werde ich im Folgenden auf zwei, meiner Auffassung, nach repräsentative Texte eingehen und diese kurz umreißen. Die Rede ist vom *Landnámabók* sowie vom *Íslendingabók*. Das *Landnámabók* (deutsch etwa „Buch von der Landnahme") gilt als wichtige ‚historische' Quelle der ursprünglichen Besiedlung Islands, wiewohl sie heute keine faktische Glaubwürdigkeit bzw. historische Verlässlichkeit mehr besitzt. Dies hängt wohl damit zusammen, dass historiographische Literatur im Allgemeinen, wie ich oben bereits sagte, *nicht* den Anspruch historischer Wahrheit besitzt, sondern ein kulturhistorisches Konstrukt einer vergangenen Epoche ist. Ob das *Landnámabók* historisch ernst genommen werden *muss*, wie man bisweilen immer wieder liest, weil der Text ein „einzigartiges histor. Dokument" [48] ist und weil seine Autoren ihn in einem historischen Bewusstsein geschrieben haben, möchte ich nicht entscheiden; diese Schlussfolgerung ist eine Frage der Perspektive, mit der man historiographische Literatur betrachtet, und hier nicht Gegenstand der Untersuchung. Es gibt nur fünf Versionen des *Landnámabók*, drei davon sind mittelalterlich in unserem Sinne, die anderen beiden stammen aus der Zeit nach der Reformation: Die älteste und einzig vollständig erhaltene stammt von Sturla Thóðarson aus dem letzten Viertel des 13. Jahrhunderts; die zweite, kompiliert von Haukr Erlendsson, wurde im ersten Jahrzehnt des 14. Jahrhunderts zusammengestellt und blieb unvollständig; die dritte von ungefähr 1315, deren Autorschaft nicht sicher geklärt ist, ist rein fragmentarisch, überliefert den ursprünglichen Text aber am reinsten. Haukr erwähnt zudem noch weitere, ältere Versionen des Buches, die aber nicht erhalten sind; darunter sollen sich auch die Ur-*Landnámabók* befinden, die Haukrs Aussage nach von Ari Þorgilson und Kolskeggr Asbjarnarson um 1100 verfasst wurden. Das *Landnámabók* listet 400 skandinavische Siedler auf, die sich während der Landnahmezeit auf Island niederließen. Der Text gibt unter anderem systematisch genau die Punkte an, wo Höfe entstanden, charakterisiert die einzelnen Siedler, beschreibt die Grenzen der einzelnen Siedlungen und erzählt Anekdoten der Besiedlungszeit. Immer wieder exponiert das *Landnámabók* seine historische Faktizität und setzt sich damit von den Isländersagas, zu denen wir später noch kommen werden, ab. Das *Íslendingabók* (deutsch etwa „Buch von den Isländern“) des Ari Þorgilson ist das älteste erhaltene Prosawerk der nordischen Literatur und „berichtet von der Besiedlung Islands, von der Gesetzgebung und der Errichtung des Althings, von der Besiedlung Grönlands und der Einführung des Christentums sowie von den ersten Bischöfen“.[49] Die Zeitspanne, die der relativ knappe Text umfasst, ist ziemlich genau zwischen 870, also dem Beginn der Landnahmezeit, und 1118 anzusiedeln und darf als „Überblick über die Geschichte Islands“[50] jener Zeit gelten. Dem Autor Ari setzt Snorri im Prolog seiner *Heimskringla* ein würdiges Denkmal, indem er die von

Ari begründete poetologische Tradition der genauen Quellennennung fortsetzt und diejenigen namentlich erwähnt, die ihm wichtiges für seine Texte berichtet hatten; dazu gehört auch Ari.

In diesem Abschnitt wollen wir uns kurz mit der isländischen Geschichtsdichtung befassen, die Gattung definieren und wichtige Exponenten und Texte kurz darstellen. Schwerpunkt der Geschichtsdichtung, die sich gewissermaßen in ihrer Gattungsbezeichnung durch die Benutzung des Wortes ‚Dichtung' von der historiographischen Literatur unterscheidet,[51] sind die Isländersagas, auch *Íslendinga sögur* genannt. Eine geglückte, da wissenschaftliche *und* humoristische Definition zugleich, liefert unser bereits viel zitierter Experte Heiko Uecker:

> „‚Bauern prügeln sich' – auf diesen kurzen Nenner könnte man die Isländersagas reduzieren. Doch sieht man nur die vielen Kämpfe, Streitereien und blutigen Auseinandersetzungen, die ein wesentliches Element dieser Literatur sind, dann kommt eine andere Seite zu kurz. Es wird nämlich in diesen Sagas Geschichte transportiert, es wird ein Erinnerungsraum gezimmert, im Akt des Erzählens wird Geschichte erst geschaffen und Vergangenheit konstruiert. Die Saga bewegt sich zwischen Faktizität und Fiktionalität: Sie erzählt ‚objektiv' von der isländischen Vergangenheit und verwendet narrative Erzählstrukturen".[52]

Isländersagas haben neben ihrem hohen fiktionalen Unterhaltungswert auch einen gesellschafts- bzw. sozialgeschichtlichen Bezug. Viele der literarisch hochwertigeren Werke

„dieser Gattung beschäftigen sich nicht nur auf freie literar. Weise mit weit zurückliegenden Ereignissen, sondern vor allem mit den gesellschaftl. und ethischen, z. T. auch psycholog. Problemen, die diese Geschehnisse für die Zeit der Abfassung der Sagas relevant und vielleicht auch exempl. erscheinen ließen.“[53]

Hochzeit dieser Art von Literatur war im 13. Jahrhundert, wenngleich einige bekannte Sagas auch noch aus dem 14. Jahrhundert stammen. Diese Gattung wird oft auch als „Familiensagas oder Geschlechtersagas“[54] bezeichnet. Der Name Isländersagas ist klingend und legt in einem gewissen Maße die handelnden Personen und die Orte des Geschehens fest: die Helden sind immer Isländer und abgesehen von einigen Lokalisierungen von Texten in Norwegen spielen die *Íslendinga sögur* immer auf Island. Die meisten Sagas beschäftigen sich mit „Personen und Ereignissen zw. 900 und 1050“.[55] Diese Zeit wird meist als Sagenzeit, *sagaöld*, bezeichnet, einfach aus dem Grunde, weil die meisten Sagen über diese Zeit handeln bzw. diese Zeit verhältnismäßig viel Material und Stoff für eine literarische Verarbeitung in Sagen liefert. Eine der bekanntesten Sagas ist „Die Geschichte von Egil Skallagrimsson“, die *Egils saga Skallagrímsson*. In diesem Text sind alle „Merkmale der Gattung voll ausgebildet“:[56] Historische Ereignisse, Familienstammbäume, Mord und Totschlag, alles hat seinen Platz in dieser Saga. Neben der exemplarischen Gestaltung „der Ereignisse um eine isländische Familie mit einem besonderen Akzent auf der Geschichte von Egil“[57] haben wir mit der Saga um Egil Skallagrimsson vor allem auch eine „Dichterbiographie zu einer Zeit, in der es den hauptberuflichen Dichter nicht gibt“.[58] Dieser Aspekt der Dichterbiographie ist der *Egils saga Skallagrímsson* nicht exklusiv, aber er begründet eine Tradition –

„neben dieser Saga gibt es noch weitere, kürzere Sagas, die von Dichtern, von Skalden, handeln".[59]

Der letzte Komplex unserer literaturgeschichtlichen Abhandlung soll in aller Kürze auf die Rittersagas (*Riddarasögur*) eingehen. Man unterscheidet zwischen originalen und übersetzten Rittersagas. Unter der Klassifizierung übersetzte Rittersagas versteht man vor allem Texte, die aus der französischen bzw. anglonormannischen Sprache ins Altnordische übertragen wurden. Bekannt ist vor allem „Die Geschichte von Tristram und Isönd" (*Tristrams saga ok Ísöndar*), ein Pendant des berühmten mittelhochdeutschen *Tristan* des Gottfried von Straßburg. Vorlage der altnordischen Saga war der Text des französischen Dichters Thomas von Britannien, der zwischen 1150 und 1175 dichtete. Der Stoff um die unglückliche und verbotene Liebe von Tristan und Isolde war in allen europäischen Kulturen äußerst beliebt und wurde auch am norwegischen Hof rezipiert und adaptiert, da man dort den „kulturellen Anschluss an das kontinentale Europa"[60] schaffen wollte. Durch die engen Verbindungen von Norwegen und Island – man denke an die Kavaliersreisen isländischer Adliger nach Norwegen und den daraus erwachsenen Problemen – schwappte diese Begeisterung bald auf die Insel über. Die übersetzten Rittersagas waren dermaßen populär, dass sie beinahe „alle einheimische, traditionelle Literatur verdrängt haben"[61] und erlangten große Bedeutung und Beliebtheit. Besonders die Tristan-Saga, aber auch die anderen übersetzten Rittersagas, besitzen einen hohen „Stellenwert für die norwegisch-isländische Literatur- und Kulturgeschichte",[62] da die französische höfische Literatur mit ihren arthurischen Implikationen großen Einfluss auf die gesellschaftlichen Verhältnisse zu jener Zeit genommen hat – der Norden, zumindest die Regionen, die kontinentale Literatur stark adaptierten, wurden in ihren Verhaltensweisen kontinentalisiert und näherten sich mitteleuropäischen Verhältnissen an. In Abgrenzung zu diesen übersetzten Rittersagas stehen nun die originalen Rittersagas, die in Island ab dem Ende des 13. Jahrhunderts entstehen und keine ausländischen Einflüsse aufweisen. Die originalen Rittersagas sind genuine literarische Neuschöpfungen – also nicht übersetzt oder ähnliches – und werden häufig auch Märchensagas genannt. Dies hat den Grund, dass sie viele ihrer Motive aus „franz. Ritterromanen, byzant. und orientalischen Erzählungen und Wandermärchen und der ma. lat. Novellenliteratur“[63] entlehnen und für das Märchen typische Muster und Strukturen aufweisen. Typisch für diese Märchensagas sind orientalisch bzw. südländisch angehauchte Namen, Wunderdinge wie fliegende Teppiche oder Zaubersteine und die permanente Lokalisierung in für das nordische Publikum exotisch anmutenden Gefilden wie afrikanische Länder.[64]

Die isländische Sprache

Das Isländische, das heute von rund 256000 Menschen gesprochen wird, [65] gehört zum nordgermanischen Zweig der germanischen Sprachen. Das Nordgermanische gliedert sich in die westliche sowie östliche Gruppe: Zur ersten gehören neben dem Isländischen Norwegisch und Färöisch (also die Sprache der Einwohner der Färöer-Inseln, die im nördlichen Atlantik zwischen den britischen Shetland-Inseln und Island liegen), zur zweiten das Dänische und Schwedische.[66] Als ebenfalls germanische Sprache ist die Verbindung des Isländischen zum Deutschen grundsätzlich relativ eng, aber im Laufe der Jahrhunderte haben sich die „Verwandtschaftsverhältnisse“[67] gewandelt. Das liegt daran, dass sich unsere Sprache sehr stark verändert hat, das Isländische im Vergleich zum Altnordischen aber kaum. Das moderne Isländisch stammt von der Sprache der norwegischen Wikinger ab, die, wie wir gesehen haben, die Insel ab dem 9. Jahrhundert besiedelten. Dadurch kann man das Isländische mit Heusler als „Tochtersprache des Norwegischen“[68] bezeichnen. Die Urform des Isländischen sowie aller anderen nordgermanischen Sprachen ist aber das Urnordische, dass zwischen dem 3. und 8. Jahrhundert n. Chr. die Sprache des nordgermanischen Raumes war. Aus dieser Zeit stammen auch zahlreiche „Runeninschriften, auf Geräten und Gedenksteinen angebracht“,[69] die Aufschluss über Sprachentwicklung und -verschiedenheit in den verschiedenen Untergruppen der Nordgermanen geben. Dabei lässt sich festhalten, dass das Urnordische keine „mundartlichen Spaltungen“[70] aufweist; damit muss man davon ausgehen, dass das Urnordische überall einigermaßen gleich war und sich, sagen wir, ein harmloser südnorwegischer Bauer ohne weiteres mit einem bis an die Zähne bewaffneten ostschwedischen Seeräuber verständigen konnte. Interessanterweise unterscheidet sich das Neuisländische bis heute kaum vom Altnordischen, und trotz der fünfeinhalb Jahrhunderte währenden dänischen Regentschaft hat es seine ursprüngliche Form bis auf einige Ausnahmen wie zum Beispiel der Aussprache beibehalten. Selbst die altnordischen unchristlichen Runen *ð* und *Þ* sowie das *Æ* bzw. *æ* sind trotz der Einführung des lateinischen Alphabets um 1000 erhalten geblieben. Darüber hinaus ist die Sprache in ihrem Wortschatz ursprünglich geblieben, und sprachpflegerische Maßnahmen haben verhindert (und tun es auch immer noch), dass Fremd- und Lehnwörter in den alltäglichen Sprachgebrauch eingehen. So kann ein Isländer (oder eben jemand, der der isländischen Sprache einigermaßen mächtig ist) ohne Probleme die gesamte mittelalterliche Literatur lesen und verstehen.[71] Dies erklärt auch die bis heute beständige Rezeption der alten Literatur im isländischen Sprachraum: Jeder kann die alten Sagen und Lieder verstehen, ohne sich auf akademische Übertragungen verlassen oder sich selber dem Studium der alten Sprache widmen zu müssen.[72]

Dies soll es mit unserem Abriss der nordischen Geschichte, Sprache und Literatur gewesen sein. Ich habe versucht, auf verschiedene Epochen und Gattungen einzugehen und unterschiedliche literarische Traditionen zu skizzieren. Anspruch auf Vollständigkeit wird natürlich nicht erhoben und jeder, der sich stärker für die altnordische Literatur interessiert, wird in der von mir häufig zitierten Literaturgeschichte viele Stunden Vergnügen finden. Dieses Kapitel steht ein wenig außerhalb des eigentlichen Themas dieser Einführung, denn die Edda ist hier auf diesen 20 Seiten nur peripher vorgekommen. Dennoch macht es, das habe ich schon in der Einleitung zu diesem Abschnitt ausgeführt, Sinn, die altnordische Literatur und generelle kulturelle Entwicklung ein wenig im Überblick zu betrachten, wenn man sich spezifisch mit einem wesentlichen literarischen Bestandteil eines Kulturkreises auseinandersetzt.

2. Nordische Mythologie

Dieses Kapitel hat, wie in der Einleitung bereits dargelegt wurde, die Aufgabe, alle für die nachfolgende Betrachtung der Edda relevanten mythologischen Gestalten und Themen verständlich und in einem angemessenen Umfange aufzuarbeiten. Darüber hinaus kann es außerdem nicht schädlich sein, weitere Kenntnisse – im Kontext unserer Abhandlung – über die Mythologie des Nordens zu vermitteln, die vielleicht nicht von unmittelbarem Interesse für das weitere Vorgehen, aber einfach schön zu wissen sind. Bevor man sich aber Odins Weisheit, Thors Kampfkraft, Lokis Ränken und dem Ende der (Götter-)Welt im großen Weltenbrand zuwenden kann, muss man zum Geleit einige grundsätzliche, aber nichtsdestotrotz wesentliche Fragen beantworten; diese lauten wie folgt: Was ist Mythologie? Welche Aspekte, abseits von Göttern, werden unter dem Oberbegriff Mythologie subsumiert und welche Bedeutung haben sie für die Mythologie? Gibt es Unterschiede zwischen nord- und südgermanischer und nordischer Mythologie? Der Hauptteil dieses Kapitels wird aus einer Darstellung der altgermanischen Mythologie bestehen. Dabei ist es schwierig, wirklich und streng themenzentriert vorzugehen, da sich viele Dinge überschneiden und eine klare Trennung deshalb nicht immer möglich ist. Darum werde ich eher in einer Art ‚Erzählung' über die Mythologie berichten und dabei als Anhaltspunkte die drei Ebenen der großen Esche Yggdrasil, also Himmel, Erde und Unterwelt, avisieren. Nichtsdestotrotz werden in jedem Sinnabschnitt Vor- und Rückgriffe auf andere Themen notwendig sein.

Schauen wir uns zunächst eine Definition von Mythologie an. Der bedeutende Literaturwissenschaftler Gero von Wilpert beschreibt Mythologie erstens als „Gesamtheit der Mythen [...] e. Volkes“ und zweitens als „Wissenschaft, die sich mit systemat. [Sammlung], Erforschung, Vergleichung und Sinndeutung der Mythen befaßt und daraus u. a. Aufschlüsse über Wesen, Denkformen und Alter der Kulturen gewinnt“.[73] Der Begriff Mythologie bezeichnet also erst einmal ganz allgemein die „Gesamtheit“[74] der Geschichten von „Göttern, Dämonen und Helden“.[75] Diese Erzählungen über die Götterwelt, über Kriege und Heldentaten und über das Gute und Böse formen sich über die „ganzheitl. Weltaneignung und symbol. Verdichtung der allg. Urerlebnisse“[76] zu einer religiösen „Weltdeutung“.[77] Damit stoßen wir langsam zum Kern von dem vor, was Mythologie als Zusammenfassung aller Mythen eigentlich meint: Mythologie hat etwas mit Religion zu tun, sie steht oberbegrifflich für die Inhalte, die den Glauben eines Kulturkreises ausgestalten. Das heißt, dass man über die mythologischen Inhalte, die eine Kultur überliefert, Rückschlüsse auf ihren Götterglauben ziehen kann. Demnach ist Mythologie nicht einfach eine unterhaltsame Sammlung von Geschichten über die Götter und Helden einer Kultur, sondern ein Geflecht aus immanent wichtigen religiösen Glaubensinhalten. Eine Bemerkung von Thomas Jung bringt unsere Diskussion auf den Punkt: „Doch nicht nur ein kriegerisches, sondern auch ein von hohen Ehr- und Gerechtigkeitsbegriffen geprägtes Volk schuf sich unter dem rauen nordischen Himmel vor vielen Jahrhunderten eine Religion, eine Welt voller heidnisch-mythischer Vorstellungen, sich die Naturgewalten zu erklären und ihr gesellschaftliches Zusammenleben religiös zu ordnen“.[78] Niemand kann verleugnen, dass es sich bei altgermanischen Schöpfungs- oder Naturmythen um genuin religiöse Inhalte handelt. Man muss Mythologie die Bedeutung zukommen lassen, die sie verdient: Sie ist wichtiges Dokument und genuine Darstellung des Glaubens einer längst vergangenen kulturellen Gemeinschaft und besitzt historisch und intellektuell höchste Relevanz – Mythologie ist primär Glauben, und erst sekundär oder eben noch später „Unterhaltung"! Natürlich sind die Göttergeschichten auch kurzweiliges Entertainment, und ohne die atmosphärische Darstellung der Göttergeschichten und ihrer deswegen guten Rezeption wäre die altgermanische Mythologie nicht erhalten geblieben. Aber trotzdem darf man nicht vergessen, worum es bei den Erzählungen, die jedem modernen Fantasy-Autor einen Phantastik-Preis eingebracht hätten,[79] geht: Um ernsthafte Darstellungen eines Glaubens, einer Religion. Daher rührt auch die von Gero von Wilpert vorgebrachte wissenschaftliche Seite der Mythologie. Mythologie ist als genuine Quelle einer (beinahe) vollständig untergegangenen Religion unglaublich wichtig für die Kulturwissenschaften, denn ganz gleich ob Religionswissenschaftler, Ethnologen oder Literaturwissenschaftler – alle, die sich mit den kulturellen Profilen von Völkern auseinandersetzen, profitieren von Quellen, die faktisch etwas über Mythologie aussagen. Ohne sinnvolle Kenntnis der altgermanischen Mythologie ist auch die Arbeit mit alter Literatur nicht sinnvoll möglich: Altnordische und zu einem guten Teil auch altdeutsche Literatur hängen von ihren mythologischen Inhalten ab, und nur unter Einbezug der mythologischen Hintergründe kann man solche Texte angemessen und tiefer gehend analysieren. In diesem Sinne ist es quasi die gute Pflicht eines jeden Edda-Erforschers, sich vor der Lektüre dieser großartigen Lieder mit den kulturellen Hintergründen auseinander zu setzen. Lieder zu *lesen* ist kein Problem; wer die Aneinanderreihung römischer Buchstaben dechiffrieren kann, kann einen Text lesen. *Verste-*

hen werden Sie die Texte aber nur, wenn Sie wissen, vor welchen Hintergründen sie spielen! Was hilft es Ihnen, ein Wort wie „Ragnarök" zu lesen, wenn Sie nicht wissen, was sich hinter dieser Begrifflichkeit verbirgt? Und was hilft es Ihnen, dieses Wort zu lesen, ohne zu wissen, was es für die germanische Weltsicht bedeutet hat? Unter dieser Prämisse – nämlich die kulturellen Grundsteine für ein angemessenes Verständnis der eddischen Dichtung und des altgermanisches Weltbildes zu legen – werde ich dieses Kapitel angehen. Natürlich soll es auch unterhalten, aber zuvorderst soll es *nützen*, das heißt, ein didaktisch-belehrender Anspruch steht ganz klar vor dem Wunsch, Entertainment zu liefern.

Mythologie behandelt nicht nur Götter, erzählt nicht nur von Drachentötern und berichtet nicht nur von Heldensippen, die sich im barbarischen Blutrausch gegenseitig umbringen (obwohl dies das Bild ist, das meistens bei dem Gedanken an altgermanische Mythologie zuerst aufkommt). Zur Mythologie gehört auch generell der Glauben an alles Übersinnliche und an übermenschliche Kreatürlichkeiten, die Sehnsucht nach und das Leben in der Natur sowie damit als Summe dieser Inhalte ganz allgemein der Volks(aber)glauben. Es ist wichtig, noch einmal auf die Verbindung von Mensch und Mythologie hinzuweisen: Mythologie definiert den Glauben eines oder mehrerer Kulturkreise und steht in einem ganz engen Verwandtschaftsverhältnis zu der allgemeinen Geisteshaltung und dem Weltbild bzw. Weltverständnis der Anhänger. Damit lässt die Mythologie im Sinne eines einfachen Volksglaubens ohne hochtheoretische oder wissenschaftliche Fundamente (wie sie das Christentum seit der Urkirche besitzt) Rückschlüsse auf das *Seelenleben* der alten Germanen zu. Dies bemerkt auch Wolfgang Golther in seiner monumentalen Arbeit zur germanischen

Mythologie, welche auf der Grundlage der Erstausgabe von 1895 kürzlich neu ediert wurde. Golther sagt, dass „der Volksglaube […] unwillkürlich aus der Veranlagung des menschlichen Gemütes zu entstehen“[80] scheint. Diese Aussage möchte ich späterhin noch einmal aufgreifen, vorher jedoch einen genaueren Blick auf die Inhalte des Volks(aber)glaubens werfen. Für Golther steht fest, dass der Volksglaube, den er auch gerne als „Die Niedere Mythologie“ bezeichnet, „den Vorgängen im Leben des Menschen und in der Naturumgebung“[81] entspringt. In dieser Naturumgebung hausen Werwölfe und Berserker, lauern Schicksalsfrauen und Walküren, treiben Hexen, Zwerge, Kobolde, Nixen sowie Wald- und Feldgeister ihr Unwesen, suchen Riesen die Menschen heim. All diese Wesen sind fest im altgermanischen Weltbild verankert, sie gehören zum alltäglichen Leben dazu. Doch woher kommt dieser Glaube an Geister aller Art? Die Vorstellung, das Geister und Mären, also die immateriellen Körper von Verstorbenen und Wesen, die Alpträume verursachen, die Welt der Lebenden heimsuchen und bedrohen, entstammt dem altgermanischen Seelenglauben. Dazu formuliert Golther folgendes:

> „Der Gespensterglauben drängt sich dem Menschen durch Wahrnehmungen auf, die er an sich selber und an seinen Mitmenschen macht. Die subjektiven Vorgänge des Traumschlafes, die objektiven des Todes wirken zusammen zur Vorstellung eines geisterhaften Wesens, das plötzlich aus der Unsichtbarkeit hervortritt und auf geheimnisvolle Weise sich fühlbar macht. Im Schlafe erscheinen die Gestalten Lebender und Toter, sie verkehren wie im wirklichen Dasein, nur häufig freier und ungebundener. Besonders die Erscheinung längst Verstorbener erregt und beunruhigt das Gemüt.“[82]

Mit dem Seelenglauben ist also eine Beschäftigung mit dem Tod verknüpft. Diese Beschäftigung resultiert aus den „verzweifelten Versuche[n], die man gemacht hat zur Lösung des ersten und letzten Problems, den Tod zu verstehen und sich mit dem Beweise seiner Herrschaft abzufinden, dem leblosen Körper".[83] Nach dem Tod einer Person muss die Seele aus dem leblosen Leib entweichen und lebt dann „als Lufterscheinung"[84] weiter. Immanent wichtig für die Vorstellung, dass die Seele des Verstorbenen als Windgebilde fortlebt, ist der Traum. Das Wesen der Geister – und sich im Wind materialisierende Formen von Toten sind ja nichts anderes als Geister! –, die in verschiedenen Formen als Alben oder Mären auftreten können, wird zumeist mit Träumen in Verbindung gebracht. Im Traum erscheint der Geist den Menschen, und durch eine stark objektive Deutung von Träumen werden diese als tatsächlich, als wahrhaftig interpretiert und definiert. Durch den Traum nehmen Geistergestalten Form an, materialisieren sich, werden Teil der Welt der Sterblichen, treten ein in das alltägliche Leben. Der Traum oder das Verständnis des Traumes für die altgermanische Lebenseinstellung bzw. Lebenssicht ist damit essentiell für die Erschaffung quasi-mythologischer Wesen und Begebenheiten. Weil dem Traum eine hohe Bedeutung beigemessen wird, können Traumgestalten die Gedanken der Menschen beherrschen, können Geister, Alben und Mären auch ‚in der Wirklichkeit' herumspuken und ihr Unwesen treiben. Doch Geister und Alben, die zu den „seelischen Scharen"[85] gehören, sind nicht die einzigen Geschöpfe, die für den Seelenglauben wichtig sind. Auch Werwölfe, Schicksalsweberinnen, Hexen, Schwanjungfrauen und andere Wesen müssen zur Mythologie des Seelenglaubens gezählt werden.[86]

Ich will es aber nun dabei belassen und mich der Bedeutung der Natur für die Weltsicht der alten Germanen zuwenden. Die Mythologie der Naturverehrung ist anders gestaltet, es scheint, als sei sie eine Weiterentwicklung des Seelenglaubens. Die Wesen, die in dieser Vorstellung eine genuine Rolle spielen, entspringen nicht Träumen oder Todesängsten wie die Mären, Hexen und Alben, sondern gelten vielmehr als „Personifikationen der Naturkräfte und des Wetters“[87] und werden grundsätzlich immer mit der Natur in Verbindung gebracht. So wie die Gestalten des Seelenglaubens sind auch die Naturgeister, die ja aus dem Seelenglauben hervorgegangen sind,[88] „den Menschen bald freundlich, bald feindlich gesinnt, je nachdem wie sie behandelt werden“.[89] Vor allem die Elfen werden mit allerlei ‚Fertigkeiten’ in Verbindung gebracht, und sie spielen für viele Bereiche des alltäglichen Lebens eine Rolle. Besonders für Krankheit und Tod werden sie herangezogen. So gehört zum altgermanischen Volksglauben die Vorstellung, dass die Toten den Elfen gehören und dass diese Wesen jedes „Absterben eines Menschen wie ein Fest mit Tanz und Musik“[90] feiern. Gegen Krankheiten wurden so genannte „Elfensteine“ konsultiert und in einer Art Beschwörung sollte die Krankheit aus dem Körper getrieben werden. Elfen sind Plagegeister, die den Menschen mit allerlei Unbill schlagen können. Ihr Anblick ist gefährlich, sie können nur durch ihre Gedanken töten und mit ihnen ist alles andere als zu spaßen. Fühlen sie sich schlecht, bringen sie Verderben über den Menschen, sie rauben kleine Kinder und lassen Wechselbälger zurück; sie sind lüstern und hinterhältig. Doch bei allen ihren negativen Eigenschaften werden die Elfen doch für ihr Wesen geliebt. Sie arbeiten fleißig in der Natur, ob als Bergvolk, „Waldfrau“[91] oder hilfreiche „Nix“[92]; darüber hinaus sind sie „anstellig, geschickt, schaffenslustig und kunstreich“.[93] Elfen, die mit ihrer „Liebe zum

Tanz [und ihrer] Lust zur Musik“[94] brillieren, sind von „unbeschreiblicher Schönheit und Lieblichkeit“[95], sie sind „zart und fein gebaut“[96] und sind ausschließlich nachtaktiv. Sie sind aus der altgermanischen Mythologie nicht wegzudenken, vor allem gehören sie interessanterweise genauso zur *niedrigen* wie zur *hohen* Mythologie. Sie bevölkern die Vorstellung des profanen Volksglaubens, sind aber auch in der erhabenen Götterwelt zu Hause; für die hohen Herrscher der Feste Asgard schmieden sie Waffen und Kleinode und sind demnach auf das Engste mit den Göttern verknüpft. Hermann spricht aber nicht nur Elfen und Göttern, sondern auch Elfen und Menschen ein „freundliches Verhältnis“[97] zu und weist auf ‚berufliche Kooperationen' zwischen den beiden Rassen hin. So benötigen die Elfen von den Menschen Geburtenhilfen und lohnen diese Leistungen mit „Geschenken und Gaben wunderbarer Art“.[98] Elfen sind zwar unzweifelhaft auch von böser und hinterlistiger Natur, aber Güte und Herzlichkeit sowie Rechtschaffenheit und Treue stechen die negativen Eigenschaften der Wesen aus. Elfen gibt es auch in der Form von Wassergeistern, die „in Quellen und Brunnen, Bächen und Flüssen, Seen, Teichen und Meeren wohnen“.[99] Diese Wassergeister unterscheiden sich von ihren Verwandten durch einen Hang zur „Grausamkeit und [zum] Blutdurst, der bei den übrigen elfischen Gestalten nicht vorkommt“[100] und als hervorstechendes Wesensmerkmal des *vattenelfv* (schwedisch für „Wasserelb“) fungiert. Zum Elfengeschlecht zählt Hermann auch die Zwerge und bezeichnet sie schlicht und ergreifend als „Elfen, die in den Bergen und unter der Erde wohnen“.[101] Zwerge sind die besten Schmiede und produzieren todbringende Waffen und anderes Kriegsgerät. Sie sind treue Gefährten, wenn sie sich einmal zu einem Dienst verpflichtet haben und sühnen böse Taten durch einen Treueschwur bis zu ihrem Tode.[102] Weiter gibt es nichts Wesentliches über Zwerge zu berichten. Wichtig für den Volksglauben sind darüber hinaus noch die Haus- und Landgeister, vielleicht besser bekannt als Kobolde, Gnome, Wichte und so weiter. Überall in der Volkssage finden wir Geschichten über diese Gestalten, überall weist die Sage dann auch „Züge zum Verständnis seines Wesens“[103] auf. Vor allem der Kobold hat es der altgermanischen Volksmythologie angetan. Für Paul Hermann ist der Kobold der „Kobwalt d. i. der im Koben (im Hause, in der Hütte, im Stalle) Waltende, Herrschende oder der Kobhold, d. i. der Hausholde“.[104] Weiterhin nennt er drei bedeutende Namenslinien, die die wichtigsten ‚Koboldsorten' zusammenfassen. Zum einen sind dies die Wesen, die direkt mit „der Wohnung des Menschen“[105] zusammenhängen. In den verschiedenen Sprachregionen Skandinaviens werden die Hauskobolde mit verschiedenen Namen belegt, die aber letztendlich immer wieder zu ihrer eigentlichen Bedeutung als Haushüter oder Hausmitbewohner zurückführen. Der schwedische *tomtekarl* ist der „Hausmann“, der norwegische *tomtevätte* der „Hauswicht“ und der dänische *gaardbo* ist der „Bewohner des Hofes“.[106] Die zweite Linie bezeichnet die herumspukenden, die Menschen erschreckenden und den Schabernack liebenden Butzen, Singular Butz oder von Hermann auch „Popanz“[107] genannt. Diese tragen die Namen *buse* (schwedisch), *bussetrold* (dänisch) sowie altnordisch *púki*. Die Gesellen dieser Linien fungieren auch als Schutzgeister von Häusern, damit sind sie in eine Reihe mit den Kobolden zu stellen. Die letzte Reihe bilden die Namen, die aus „bise, gubbe, kall“[108] zusammengesetzt sind, und bezeichnet „den Hausgeist als Alten“.[109] Als gedachter Hauspatriarch schützt er die Familie und hat, so Hermanns Schlussfolgerung, beispielsweise Züge des heiligen Nikolaus, dem der Alte späterhin weichen musste. Die Namensgebungen stammen aus einer Zeit, als der Hausgeist –

oder unter welchem Namen auch immer Sie ihn nun in Ihrem Gedächtnis führen wollen – als absolut positiv und als wünschenswerte Erscheinung angesehen wurde. Damit kann man schließen, dass der Kobold in der Volksmythologie als Schutzgeselle seinen Platz hatte, der mit Speiseopfern[110] bedacht wurde, um sein Wohlwollen zu erregen. Kommen wir nun zuletzt zu den Waldgeistern. Fest im altgermanischen Naturglauben verankert, sind diese Wesen genuiner Bestandteil einer jeden natürlichen, ‚grünen' Umgebung wie Wäldern, Auen oder bewaldeten Berghängen. Waldgeister sind grundsätzlich mit Elben in ihren schlechten Eigenschaften als Krankheitsbringer gleichzusetzen. Sie hausen in Bäumen, haben Form und Namen von Pflanzen (zum Beispiel „Eschenfrau und Holunderfrau"[111]) und entspringen vor allem der Vorstellung, dass die „unermeßliche Waldwildnis"[112] mit ihrem undurchdringlichen Dickicht aus einem

> „ununterbrochene[n] chaotische[n] Gemisch von Laub- und Nadelholz, von Felstrümmern und umgestürzten Baumstämmen und einem Stock und Stein pilzartig überwuchernden Teppich von Moos und niederem Pflanzengestrüpp, der die Kleider und die Haut zerreißt und ein Vordringen unmöglich macht",[113]

dunkel und grausig ist. Die Feldgeister haben sich, so Hermann, mit „dem Beginne des Feldbaues"[114] aus den Wald- und Baumgeistern weiterentwickelt, um den Menschen, die jetzt in einer beginnenden Agrarkultur leben, näher zu sein. Die Wesen treten jetzt nicht mehr in Baum- oder Pflanzengestalt, sondern als vernichtende Winde, wütende Sauen oder den Boden zerwühlende Eber auf. Zur Besänftigung der Plagegeister führten die alten Germanen verschiedene Bräuche ein, die dann, gleichsam den Gestalten, gegen welche sie gerichtet war, genuiner Bestandteil des Volksglaubens wurden. Welche Gemütshaltung kann, ausgehend von unserer Darstellung, den Germanen nun zugewiesen werden? Ohne hier psychologisieren zu wollen, kann man wohl feststellen, dass die damaligen Menschen ein einfaches Naturvolk waren, die sich mit Geisterglauben auseinander setzten und sich von Dingen, die sie in ihrem Entwicklungsstadium nicht mit den ihnen gegebenen Mitteln erklären konnten. Der Volksglauben oder die niedere Mythologie versucht also, alltägliche Dinge zu erklären und in allgemeinverständliche Begrifflichkeiten bzw. Bilder zu fassen; dadurch hebt sie sich von der hohen Mythologie der Götter ab, die ja von grundsätzlich eher abstrakten Schöpfungsmythen, Kämpfen im Himmel und dem Ende der Welt berichtet. Bevor wir jedoch zu diesem Teil des Kapitels vorstoßen können, muss ich noch einige Worte zur Unterscheidung zwischen nord- und südgermanischer Mythologie verlieren.

Wollen wir die nord- bzw. südgermanische Mythologie in einem Satz beschreiben oder charakterisieren, so könnte man wohl folgendermaßen formulieren: Die nordgermanische Mythologie ist der Glaube der skandinavischen Wikinger, die südgermanische Mythologie der Glaube der Kontinentalbarbaren wie Goten, Pikten, Angeln und Sachsen. Der wissenschaftliche Diskurs über das Verhältnis zwischen südgermanischer und nordischer Mythologie begann bereits im 19. Jahrhundert, eben genau zu der Zeit, als in Deutschland so große Geister wie Grimm forschten und auch in Skandinavien immer mehr Gelehrte begannen, die Ursprünge ihrer Kultur zu erforschen, sich mit dem Altnordischen zu befassen und überblicksartige, mittlerweile wissenschaftliches Erbe gewordene, Werke zur Literatur und Mythologie des alten Nordens zu verfassen. Wir wollen diesen Diskurs hier nicht aufgreifen, denn dies würde zu weit weg vom eigentlichen Blickpunkt dieses Kapitels führen. Vielmehr möchte ich hier darauf hinweisen, dass zwischen der südgermanischen und nordischen Mythologie teilweise inhaltliche und konzeptionelle Unterschiede bestehen. Nicht nur die Namen der einzelnen Gottheiten sind verschieden, auch die Opfer- und Tempelkulte sowie die Volksmythologie und die Schwerpunktsetzung innerhalb der Verehrung sind disparat. Die wichtigen und wesentlichen Überschneidungspunkte liegen allerdings darin, dass beide Kulturkreise, die der germanischen Mythologie anhängig waren, trotz ihrer differierenden *Umsetzung* die gleichen Glaubensursprünge hatten und wir definitiv davon sprechen können, dass trotz der Unterschiede, auf die verschiedene Wissenschaftler immer wieder hinweisen, Nord- wie Südgermanen *einen* Glauben gepflegt haben. Deshalb kann man von einer allgemeinen Wirkung oder grenzenübergreifenden Weltsicht sprechen, welche diese beiden Volksgruppen miteinander verband. Ein Franke glaubte genauso an Wotan und Thor wie ein norwegischer Wikinger, nur setzte er seinen Glauben anders um – einmal in der Bezeichnung der Gottheiten, denn Thor hieß in Mitteleuropa Donar, ein anderes Mal in der Praxis der Anrufung oder Verehrung. Die Mythologie als Glauben ist ausdrücklich ein gemeingermanisches Gut, sie unterscheidet sich nur in praktischen Gewohnheiten des Götterdienstes und teilweise in Inhalten, nicht mal in den ‚Rahmenbedingungen' des niederen Volksglaubens. Ich weise so gezielt auf diesen Gesichtspunkt hin, weil er in einem späteren Kapitel für uns noch von Interesse sein wird, doch jetzt soll es genug sein. Wenden wir uns der hohen Mythologie des nordischen Germanentums zu.

Die Darstellung wird im Folgenden beinahe den Charakter einer Erzählung haben, und tatsächlich soll sie unterhaltend und belehrend wirken – eben ganz im Horaz'schen Sinne seines *prodesse et delectare.*[115] Anspruch dieses Kapitels ist es aber nicht, den gesamten germanischen Götterhimmel in all seinen Nuancen wiederzugeben und zu erklären. Vielmehr muss – vor allem aus Platzgründen – bedarfsorientiert das herausgenommen werden, was für das Verständnis der Edda bzw. der *Völuspá* als exemplarisches Lied von Relevanz ist. Natürlich werde ich auf alle *wesentlichen* Gestalten und Gegenstände sowie Geschichten eingehen, aber das nur in einem sehr engen Rahmen. Den Wunsch nach einer umfassenden Darstellung der germanischen Mythologie kann ich an dieser Stelle nicht erfüllen, dafür verweise ich eher auf die bereits mehrfach zitierten Werke.[116]

Die Welt der altgermanischen Mythologie ist in drei Bereiche aufgeteilt. Der Himmel gehört den Göttern, die Erde den Menschen, in der Unterwelt haust das Unwirtliche und Böse. Die drei Welten bilden sich aus drei Ebenen der großen Weltenesche Yggdrasil heraus.[117] Die immergrüne Esche ist gleichbedeutend mit dem ganzen Weltgebäude der Germanen und wurde von den Göttern nach dem Tod des Urriesen Ymir gepflanzt. Der Ymir ist das älteste Lebewesen der nordischen Mythologie, man stellte ihn sich als zweigeschlechtlichen Riesen mit sechs Köpfen vor. Nachdem die Götter ihn getötet hatten, erschufen sie aus seinen Körperteilen die Welt. Aus seinem Blut machten sie die Weltmeere, aus seinem Körper die Erde, die Knochen wurden zu Bergen, Zähne und Knochensplitter zu Stein und Riesen, seinen Schädel machten sie zum Himmelsgewölbe, aus seinem Gehirn wurden die Wolken erschaffen. Die Geschichte des Ymir ist wesentlicher Teil des altgermanischen Weltschöpfungsmythos, also der heidnischen

Genesis. Zur Geschichte der Erschaffung der Welt gehören noch so viele Aspekte, dass sie ein eigenes Kapitel benötigten, wollte man umfassend darauf eingehen. Da die übrigen Teile der Schöpfungsgeschichte für unser weiteres Vorgehen nicht von wesentlichem Interesse sind, bitte ich um Verständnis für deren Aussparung. Die Esche Yggdrasil entstand aus den Augenbrauen des Ymir als größter und prächtigster Baum der Erdengeschichte. Seine Zweige überschatten die neun Welten und wachsen über den Himmel. Die neun Welten sind die einzelnen Abschnitte der drei ‚Oberwelten', aber darauf werden wir noch zu sprechen kommen. Yggdrasil hat drei große Wurzeln, von denen eine nach Jötunheim, dem Land der Riesen, wächst, wo sich auch Mimirs Brunnen befindet. Die andere Wurzel führt in das nebelige Niflheim nahe der Quelle Hvergelmir, wo der Neid-Drache Nidhogg (Nidhöggr) an ihr nagt. Die dritte Wurzel findet sich in der Nähe von Asgard. Unter den Zweigen Yggdrasils halten die Götter Gericht. Am Fuße Yggdrasils findet sich die Quelle der Urd, an der die drei Nornen ihren Sitz haben. Die Nornen sind die drei Schicksalsgöttinnen Urd, Werdandi und Skuld, die das Schicksal der Menschen und Götter weben, wobei Urd für die Vergangenheit, Werdandi für die Gegenwart und Skuld für die Zukunft steht. Wenn Yggdrasil zu beben (oder zu welken) beginnt, naht das Weltenende Ragnarök.[118] Im Himmel wohnen die Asen. Die Asen sind das jüngere Göttergeschlecht in der nordischen Mythologie und sie herrschen über die Menschen.[119] Dabei sind sie allerdings durch das Schicksal beschränkt, von dem nur die Nornen wissen. Die Asen nun sind weitestgehend vermenschlicht: Sie haben den gleichen Alltag wie Menschen, sie gehen Spielen und Arbeit nach und sind sterblich, denn fast alle von ihnen fallen in der großen Schlacht am Ende des Götterzeitalters. Ewig jung bleiben sie dank zauberkräftiger

Äpfel, nicht durch etwaige göttliche Fähigkeiten. Zwölf Asen leben in der großen Götterfeste Asgard, dem Sitz der Götter. Asgards Mauern wurden vom riesischen Baumeister Hrimthur errichtet. Dieser sollte zum Lohn für seine Arbeit Freya zur Frau, die Sonne und den Mond erhalten. Damit dies nicht geschah, wurde er durch eine List Lokis getäuscht und von Thor in seinem Zorn erschlagen.[120] Asgard ist eine riesige, feste Burg, eine Art Himmelsreich, deren wichtigster Bestandteil die zwölf im eddischen Grimnismál erwähnten Paläste der Götter sind. Die zwölf Himmelsburgen sollen aus Gold und Edelsteinen, die Gitter der Paläste aus goldenen Speeren bestehen. Wände und Fußböden goldgetäfelt, an den Decken die strahlenden Schilde der Helden statt der Sonne und des Mondes. Der Göttervater Odin, im südgermanischen Raum Wodan, Wotan oder Woden genannt, lebt im großen Palast Gladsheim mit dem Saal Walhalla, wo er wohnt und seine Mähler abhält. Odin ist das Oberhaupt der Asen, der Asgard von seiner Himmelsburg aus beherrscht. Odin steht für Krieg, Schlachten, Magie und List, aber genauso für Poesie und Weisheit. Die Etymologie des Namens deutet auf die altnordische Wurzel *oðr* hin, was so viel wie Inspiration oder Wut bedeutet. Er ist mit der Göttin Frigg verheiratet und gilt als Vater Baldurs, wiewohl er auf Grund seiner zahlreichen Liebschaften auch andere göttliche Kinder, die zum Kreis der Asen gehören, gezeugt hat. So sind Thor, Vidar und Vali ebenfalls Odins Söhne, Jörd, Grid und Rinda seine anderen Frauen. Er sendet Walküren, Schlacht- und Schildjungfrauen, die als weibliche Geisterwesen über Schlachtfelder jagen, aus, um nach einer Schlacht die gefallenen Krieger (Einherjer) auszuwählen und zu ihm zu bringen, die in der Endzeitschlacht Ragnarök gebraucht werden, um an seiner Seite zu kämpfen. Die Auserwählten leben mit Odin im Saale Walhalla und üben sich dort täglich im Kampfe.

Dennoch werden die Götter und mit ihnen die bestehende Welt vernichtet und Odin wird vom Fenriswolf verschlungen. Odin ist beständig auf der Suche nach Weisheit und hat sein Auge dem sagenhaften Riesen Mimir geopfert, um seherische Kräfte zu erlangen; von einer Riesin raubt er in Adlergestalt den Dichtermet Odroerir, der Sangesmacht verleiht; nachdem er sich selbst mit seinem Speer Gungnir, der nie sein Ziel verfehlt und immer zu Odin zurückkehrt, verwundet hat, ersinnt er die Runen. Der Allvater reitet auf seinem achtbeinigen Ross Sleipnir, das höher springt und schneller und ausdauernder läuft als alle anderen Pferde. Seine Raben Hugin und Munin berichten ihm alle Neuigkeiten, darüber hinaus helfen ihm seine Wölfe Geri und Freki bei der Jagd. Außerdem kann er von seinem Throne alles sehen, was in der Welt passiert, und ein Tarnmantel bringt ihn zu jedem gewünschten Ort. Seine Frau ist Frigg. Sie ist die Schutzherrin der Ehe und Mutterschaft. Es bestehen viele Parallelen zur Göttin Freya, der Göttin der Liebe und der Fruchtbarkeit, mit der sie in neuzeitlichen Rezeptionen oft gleichgesetzt oder verwechselt wird. Wie die meisten weiblichen Gottheiten in der germanischen Mythologie spielt sie eher eine untergeordnete Rolle, und es gibt keine speziell auf sie bezogenen Mythen, jedoch bekleidet Frigg durch ihren Gatten eine zentralere Rolle, wenn auch ohne viel Gestaltungsspielraum. Ihre Dienerinnen sind Gna, Fulla, Sygn, Vara, Eira, Hlin, Lofn und Vjofn. In der germanischen Mythologie zeugte Frigga mit Odin die Götter Balder, Hödur, Hermor, Bragi und die Walküren. In Asgard ist Fensal, der Sumpfsaal, als ihr Wohnsitz überliefert. Thor, altnordisch Þorr, auf dem Kontinent Donar, wird als ungeheuer starker Mann im besten Alter mit einem roten Bart dargestellt. Vom Wesen her ist Thor gutmütig, verfällt aber leicht in Jähzorn und Raserei und kann mit seinem Hammer Mjöllnir (Donnerhammer), der die gleichen Eigenschaften wie Odins Speer Gungnir besitzt und von den Zwergen geschmiedet wurde, besser umgehen als mit seiner Zunge. Er hasst die Riesen und fungiert sozusagen als ‚exekutive' Gewalt der Asen, die ihn auf Abenteuerfahrten ins Riesenland schicken, damit er dort so viele Gegner wie möglich erschlage. Thor besitzt einen außerordentlichen Appetit, er kann so viel essen und trinken wie niemand sonst. Von den Göttern steht er dem Menschen besonders nahe, da einer seiner Aspekte der Schutz vor den Riesen und Chaosmächten (Midgardschlange) ist. In der Ragnarök kämpft Thor gegen seinen Erzfeind die Midgardschlange, die er zwar erschlagen kann, aber selber durch ihr Gift getötet wird. Zu den Himmelsburgen wird die Wohnung Thors, Thrudheim („Welt der Stärke"), nicht gerechnet, weil sie der Erde zu nahe ist; sie bildet die Grenze zwischen Asgard und Midgard. Loki ist der böseste und gemeinste unter den Asen, zu denen er trotz seiner Abstammung von zwei Riesen gezählt wird. Loki ist ein Meister der Metamorphose, der sich in verschiedene Tiere und Menschen verwandeln kann. Er wechselt auch sein Geschlecht, erlebt Schwangerschaft und Geburt, was von den germanischen Göttern für einen Mann als schändlich betrachtet wird. Vor allem aber tut sich Loki als Feind Heimdalls und Balders hervor, er ist direkt für den Tod Balders, durch den Licht und Freude aus der Welt verschwinden, verantwortlich. Der ‚Trickster' ist auch Vater des Fenriswolfes, der seinen wesentlichen Teil zum Ende der Welt beitragen wird. In der Ragnarök wird Loki zum Anführer der bösen Mächte und Widersacher der Götter. Er und Heimdall töten sich in der letzten Schlacht gegenseitig. Sein Gegner Heimdall ist der altgermanische Schutzgott und Beschützer des Lebens. Heimdall gilt als Vater aller Menschen, braucht weniger Schlaf als ein Vogel und kann bei Tag und Nacht gleich gut sehen. Er hat so gute Ohren, dass er die Wolle auf den Schafen und das Gras auf der Weide wachsen hört. Der Gott ist Wächter der Himmelsbrücke Bifröst, die die Welt der Götter mit der Welt der Menschen verbindet. Außerdem besitzt Heimdall das berühmte Horn Gjallarhorn, mit dessen Klang der Gott am Ende die Ragnarök einleitet. Der Gott Balder entspricht ungefähr dem griechischen Gott Apollo. Er ist der Gott des Lichtes, der Güte, der Reinheit, der Schönheit. Seine besonderen Merkmale sind Toleranz, Friedfertigkeit und Liebe; weiter findet er Bedeutung für die eheliche Treue. Er scheint überhaupt nicht in die ränkehafte und gewalttätige Götterwelt hinein zu passen, und doch ist sein Tod das große Unglück in der Zeit der Asenherrschaft. Sein Tod, ich sagte es, wird durch Loki herbeigeführt. Da Balder, ein Sohn Odins, von seinem Tod träumte, nahm seine Mutter Frigg allen Lebewesen den Eid ab, Balder niemals zu verletzen. Nur den jungen Mistelzweig, den sie als ungefährlich klassifizierte, sparte sie aus. Loki wusste davon und legte bei einem Wettschießen Balders blindem Bruder Höðr einen Mistelzweig als Pfeil in seinen Bogen. Höðr trifft Balder mit seinem Schuss, und der Lichtgott bricht tot zusammen. Sein Bruder Hermoðr will ihn zurück aus der Unterwelt holen, doch die Herrscherin dort will ihn erst zurückkehren lassen, wenn alle Geschöpfe um Balder weinen. Eine Riesin verweigert sich, und damit muss der Lichtgott in der Unterwelt bleiben. Mit der Lichtgestalt Balder verschwinden Glück und Schönheit aus der Welt, die Götterdämmerung rückt näher. Nach dem Ende der Welt aber wird sich Balder mit seinem Bruder Höðr versöhnen und an der Entstehung eines neuen Weltgebäudes teilhaben. Auch Wanen leben in Asgard. Die Wanen sind als Fruchtbarkeitsgötter neben den Asen eines der beiden und zwar das ältere Göttergeschlecht in der nordischen Mythologie. Nach einem Krieg zwischen Asen und Wanen tauschten die beiden Geschlechter zur Sicherung des Friedens Geiseln aus. Von den Asen sollten der Gott Hönir sowie der weise Riese Mimir bei den Wanen leben, im Gegenzug sendeten die Wanen aus Wanaheim Freyr und Freya sowie den Meeresgott Njörðr nach Asgard. Freyr herrschte über Regen und Sonnenschein und wachte als Fruchtbarkeitsgott über das Wachstum. Außerdem besaß er das von Zwergen gebaute Schiff *Skíðblaðnir*, in dem alle Asen mit Rüstung Platz hatten, und das immer mit Wind im Rücken segelte, wohin man wollte. Ein Zwerg hatte für ihn auch den goldenen Eber Gullinbursti geschmiedet, welcher Freyrs Wagen zieht, durch die Luft und über das Wasser läuft und mit seinen Borsten die Nacht beleuchtet. Seinem Schicksal in der letzten Schlacht liefert sich Freyr selbst durch ein Verbrechen aus. Sein Knecht, der Getreue Skirnir, der ihm einst zu seiner Gemahlin verhalf, wofür Freyr ihn mit seinem Schwert belohnt hat, ist meist mit ihm unterwegs. Nach der eddischen Dichtung Skírnismál war diese Gemahlin Gerdr eine wunderschöne Frau, eines Riesen Tochter. Skirnir gewann sie für seinen Herrn Freyr, als dieser sie von Odins Hochsitz aus gesehen hatte, nur mit Hilfe von Bestechungen, Drohungen und Zauber, weil Gerdr sich zuvor weigerte, Freyr zu ehelichen. Dieses Verbrechen führt dazu, dass Freyr bei der Ragnarök ohne Schwert dem Feuerriesen Surt wehrlos ausgeliefert ist und sterben muss. Seine Schwester ist Freya, die Göttin der Fruchtbarkeit, Schönheit und Liebe. Manchmal wird sie auch als Göttin der Schlachten und des Todes identifiziert. Sie gehört nach Odins Gemahlin Frigg, mit der sie fälschlicherweise oftmals gleichgesetzt wird, zu den bedeutendsten Göttinnen des altgermanischen Pantheons; dabei ähnelt sie der Venus der alten Griechen. Freya besitzt einen von Katzen gezogenen Wagen sowie ein Falkengewand, mit dem sie durch die Lüfte gleiten kann. Sie bewohnt die Halle Fólkvangr, und die eine Hälfte aller Gefallenen kommen in ihr himmlisches Paradies, während die andere Hälfte zu Odin nach Walhalla geht, um sich dort für den letzten Tag zu rüsten. Wie ihr Bruder reitet auch Freya auf einem goldenen Eber.

Die Erde, also die mittlere Ebene der Esche Yggdrasil, besteht aus den Reichen der Menschen, Riesen, Feuerriesen und Zwerge. Midgard ist die Welt der Menschen und liegt in der Mitte der großen Esche. Es wird von den acht hellen und dunklen Himmelswinden umgeben und von der im großen Weltenmeer hausenden Midgardschlange begrenzt. Midgard ist über die Regenbogenbrücke Bifröst, die, wie wir festgestellt haben, von Heimdall bewacht wird, mit der Götterfeste Asgard verbunden. Utgard heißt der Teil der Erde, der kaum oder nur von feindlichen Wesen bewohnt wird. Er liegt außerhalb Asgards und Midgards und bietet Riesen und Trollen Zuflucht. Überhaupt sind die Riesen für die altgermanische Mythologie von allergrößter Bedeutung.[121] Riesen stammen originär von den Göttern ab, und viele Geschichten berichten von Vereinigungen von Göttern und Riesinnen. Sie sind oft gewalttätig und bedrohlich und sind grundsätzlich die Feinde von Göttern und Menschen. In der letzten Schlacht, bevor die Welt untergeht, kämpfen die Thursen – so werden die den Göttern und Menschen feindlich gesinnten Riesen bezeichnet – gegen die von Odin geführten Götter und Einherjer und beschwören das Ende der Welt herauf. Utgard gehört zum Reich Jötunheim, das den Reifriesen während der Erschaffung der Welt von Odin und seinen Brüdern gegeben wurde. Jötunheim bedeutet so viel wie „Riesenheim“. In Muspellsheim, das den Gegenpol zum ewigen Eisreich Niflheim im Norden darstellt, hausen die Feuerriesen unter der Herrschaft des schrecklichen Surt. Die Feuerriesen sind die grausigsten Gegner der Götter in der Endschlacht und lassen die Welt brennen und in Flammen untergehen. Surt, auch Muspel genannt, ist ihr Hauptmann, der in der Ragnarök die Regenbogenbrücke Bifröst zerschlägt und den unbewaffneten Freyr im Kampf tötet. Der große Weltenbrand am Ende des Götterzeitalters wird nach ihm auch Muspilli genannt. Ebenfalls zur mittleren Ebene der Esche gehört Schwarzalbenheim. Als Schwarzalben werden in der germanischen Mythologie die Zwerge bezeichnet, ihre Bedeutung haben wir im Abschnitt über den Seelen- und Naturglauben hinreichend dargelegt. Dem entsprechend ist Schwarzalbenheim die Heimstatt dieser Naturgeister, die mit der Materie verbunden sind. Ihr Gegenpol ist Lichtelfenheim, wo die lieblichen und hohen Elfen wohnen.

Die letzte Ebene bildet die Unterwelt. Diese wird dominiert durch die drei Reiche Hel, Niflheim und Hvergelmir sowie zwei anderer Gebiete, die aber hier nicht von Interesse sind. Hel bezeichnet die altgermanische Hölle und ist gleichzeitig auch der Name ihrer Herrscherin. Die Totengöttin ist die Tochter des Gottes Loki und der Riesin Angrboda, ihre Geschwister sind die Midgardschlange und der Fenriswolf. Die Hel gehört nicht zum Göttergeschlecht, sondern zählt als Riesin. Die Höllenherrscherin hat eine doppelte Gestalt: Eine Hälfte des Körpers ist von normaler Hautfarbe, die andere ist blau-schwarz; damit soll angezeigt werden, dass die Hel gleichzeitig halb lebendig und halb tot ist. Zusammen mit ihren Geschwistern wurde die Hel früh von den Asen nach Asgard gebracht, um dort über die Zukunft der Kinder Lokis zu entscheiden. Aus Furcht vor den Gestalten warf man die Midgardschlange ins Meer, der Fenriswolf wurde mit einer magischen Kette gebunden, und die Hel wurde von Odin persönlich für immer aus Asgard verbannt. Nach ihrem ‚Rauswurf' begab sie sich nach Norden, um dort ihr eigenes Reich zu gründen. Alle, die eines mehr oder weniger natürlichen Todes sterben, fahren hinab in das Reich der Riesin; alle, die im Kampfe sterben, fahren auf zu Odin bzw. Freya. Vor dem Schicksal des Höllengangs sind auch die Götter nicht gefeit. Ihnen droht bei ihrem Tod das gleiche wie den profanen Bewohnern Midgards: Auch sie müssen zur Hel, sterben sie nicht im Kampfe! Erlebt haben wir dieses tragische Ende beim Lichtgott Balder, der auch zur Herrscherin der Hölle herab fahren musste, ohne jeglichen göttlichen ‚Bonus'. Als Hel wird also auch die unterirdische Totenwelt bezeichnet, die unter den Wurzeln der Weltenesche Yggdrasil liegt und nur über den Todesfluss Gjöll erreicht werden kann. Unverkennbar sind hier die Parallelen zur antiken Höllenvorstellung: Auch dort musste man, um in den Hades vorzudringen, einen Fluss überqueren, den Styx. Ebenfalls wie in der antiken Mythologie ist eine Rückkehr aus der Hölle beinahe unmöglich; wenn die Chance gegeben wird, ist sie immer mit einer schwierigen Aufgabe verbunden. So wie sich Orpheus nicht nach seiner Eurydike umblicken darf, müssen, ich habe bereits darauf hingewiesen, alle Geschöpfe um Balder weinen. Beide Aufgaben scheitern, weder Eurydike noch Balder dürfen zurückkehren. Die Brücke zur Unterwelt wird von einer Riesin bewacht, von dort führt der Weg dann nordwärts zur Burg der Hel. Am Eingang wartet der Höllenhund Garm, der einen einmal Eingetretenen nie wieder heraus lässt. Neben Garm sitzt ein dunkelbrauner Hahn, der eine Pervertierung des goldenen Götterhahnes darstellt. Genau wie sein Gegenpart in Asgard kräht auch dieser Hahn am letzten Tage und ruft die Höllenschar zur Mobilmachung auf. An der Quelle Hvergelmir wartet der Drache Nidhöggr, der das Blut der Toten trinkt und diese auch nach ihrem Ableben quält. Außerdem nagt der Drache von seinem Platze aus an den Wurzeln der Esche Yggdrasil. Hvergelmir ist der

Ursprung aller (kalten) Flüsse der Welt und liegt in der Mitte von Niflheim unter einer der drei Wurzeln des Weltenbaumes. Niflheim, auch Nebelheim oder Nebelwelt, ist eine eisige und vom Nebel umwallte Welt im Norden, in welcher die Frostriesen hausen. Zwar nicht genuin der Hölle zugeordnet, aber doch höllisch und den Untergang der Welt mit heraufbeschwörend, sind Hels Geschwister. Die Midgardschlange haust im Weltmeer und umgrenzt das Reich der Menschen. Im Endkampf der Götter gegen die Armeen des Bösen betritt die Seeschlange das Land und versprüht ihren Giftatem, der Schaden und Verderben über die bringt, die ihn spüren. Sie wird von Thor erschlagen, doch kann sie den Donnergott kraft ihres Giftes im Tod selbst noch töten. Ihr Bruder ist der grauenerregende Fenriswolf. Nachdem die Götter diesen Sohn Lokis nach Asgard gebracht haben, wurde er von Tag zu Tag stärker. Deshalb entschlossen sich die Götter, die Bestie mittels der magischen Kette Gleipnir, die in Schwarzalbenheim geschmiedet worden war, zu binden. Die Kette sah harmlos wie ein Faden aus, und doch schöpfte der Fenriswolf Verdacht und forderte, als die Götter mit Gleipnir auf ihn zutraten, ein Pfand. Daraufhin legte der Kriegsgott Tyr ihm seine rechte Hand ins Maul, die der Wolf ihm abbiss, als er seine Ankettung spürte. Jener Tyr wird später mit dem Höllenhund Garm kämpfen, wobei sie sich gegenseitig töten. Mit dem Beginn der Ragnarök befreit sich der Fenriswolf und wird Odin, der mit ihm kämpft, verschlingen. Dafür tötet ihn Vidar, Odins Sohn, indem er den Wolf mit seinem Stiefel in den Rachen tritt und ihm damit den Oberkiefer abreißt. Kommen wir nun endlich zum fälschlicherweise als Götterdämmerung bezeichneten Ende der Welt, der Ragnarök. Altnordisch für „Schicksal der Götter“, bezeichnet Ragnarök das Schicksal und den Untergang der Götter in der altgermanischen Mythologie. Ragnarök ist der Endkampf zwischen den Göttern mit ihrem Gefolge aus Einherjern und den Riesen sowie den Kräften der Hel. Die große Schlacht kündigt sich durch drei Jahre andauernde heftige Kämpfe an, aber erst nachdem zwei mythische Wölfe Sonne und Mond verschlungen haben, bricht das letzte Gefecht endgültig aus. Durch das Ende der Gestirne fallen die Sterne vom Himmel und lösen durch ihren Sturz gewaltige Erdbeben und Überschwemmungen aus. Dadurch kann sich der Fenriswolf befreien, die Midgardschlange betritt das Land und das berüchtigte Schiff Naglfar, das aus den Finger- und Zehnägeln der Toten gemacht ist und vom Steuermann Hrym gelenkt wird, sticht in See. In diesem Tumult kommen die Riesen aus Muspellsheim hervor, und mit Surt an ihrer Spitze wollen sie die Götterfeste Asgard über die Brücke Bifröst stürmen. Dies misslingt aber, und deshalb nehmen die Schlachtreihen auf der Ebene Wigrid Aufstellung zum letzten Gefecht. Letztendlich, wenn beinahe alle Bösen sowie alle Götter tot sind, schleudert Surt Feuer über die ganze Welt und löscht sie und alle Lebewesen im großen Weltenbrand aus.[122] Die Ragnarök endet mit dem Tode Nidhöggrs, während sich die übrig gebliebenen Asen am Idafeld einen. Hödur und Balder kehren aus der Unterwelt zurück, Thors Söhne Magni und Modi treffen sich mit Odins Söhnen Vidar und Vali. Gemeinsam errichten sie die Welt neu.

3. Die Lieder- und die Snorra-*Edda*

Wenden wir uns nun in diesem Kapitel dem Thema zu, welches der Titel dieser Einführung groß ankündigt – der *Edda*, den altnordischen Götter- und Heldenliedern, die auf der ganzen Welt, aber vor allem im germanischen, skandinavischen und angelsächsischen Sprachraum, nicht geringe Wertschätzung besitzen und deren Rezeption noch immer stetig ist; vor allem in vielen Bereichen der Geistes- und Humanwissenschaften an mittel- und nordeuropäischen sowie nordamerikanischen Universitäten gehört die Behandlung der *Edda* üblicherweise zur Ausbildung dazu: In Skandinavien und besonders in Island entspricht der Bekanntheitsgrad der *Edda* ungefähr dem von Grimms Märchen in Deutschland. Die *Edda*, so referiert Heiko Uecker, „gehört zum kostbarsten kulturellen Besitz des Landes“[123], der Stellenwert der Lieder ist gewaltig.

Die Struktur dieses großen Abschnittes – er wird der längste in diesem Buche – wurde bereits im Vorwort dargelegt. Um aber dem lästigen Zurückblättern entgegenzuwirken, also um das Lesen dieses Buches einfacher und bequemer zu machen, wird sie hier noch einmal ins Gedächtnis gerufen: Zum ersten möchte ich erläutern, welche Lieder es gibt, wie irreführend die verschiedenen Namen der Sammlung sein können und kurz auf die Unterschiede der Lieder- und Prosa-*Edda* eingehen. Im Anschluss daran werden wir versuchen, das Alter der Lieder zu bestimmen, uns in diesem Zusammenhang verschiedene Thesen dazu anschauen und einiges zur Überlieferung festhalten. Der so genannte *Codex Regius* wird dabei als kulturhistorisch bedeutsames Manifest eine wesentliche Rolle spielen. Im gleichen Atemzug werden wir versuchen, einige Fragen zu den

Verfassern der Lieder zu klären; eine *Lösung*, so müssen die Optimisten an dieser Stelle leider enttäuscht werden, kann für die Verfasserfrage nicht geliefert werden – dies haben nicht einmal so hervorragende Köpfe wie Sophus Bugge, Andreas Heusler oder Felix Genzmer vollbracht. Der metrische Aufbau der Lieder, also das Vermaß und die Strophenform, wird später von Interesse sein, genauso wie die Art und Gestalt des Vortrages. Den Abschluss des ersten Teils bildet dann die konkrete Textanalyse *eines* gewichtigen und exemplarischen Liedes. Nach der Analyse des Liedes werden wir uns dann der Prosa-*Edda* des Snorri Sturluson zuwenden. Dort beginnt dann das strukturelle Spiel ‚von vorne', und zusätzlich macht es Sinn, sich Snorris Leben, über das einiges bekannt ist, genauer anzuschauen und etwas zur Skaldik zu sagen.

Unter dem Begriff *Edda* werden zwei grundsätzlich voneinander verschiedene mittelalterliche, in altisländischer Sprache[124] verfasste literarische, also hochfiktionale, Werke subsumiert. Beide Textsammlungen können rein begrifflich mit den wissenschaftlich absolut anerkannten und gebräuchlichen Bezeichnungen Lieder-*Edda* und Snorra-*Edda* von einander getrennt werden. Die Snorra-*Edda* wird richtigerweise auch als Prosa-*Edda* bezeichnet. Im Folgenden werde ich auf die bereits benutzten Begriffe Lieder-*Edda* und Snorra-*Edda* zurückgreifen. Ursprünglich war *Edda* nur die Bezeichnung für das Werk des Snorri Sturluson. Erst in der Frühen Neuzeit wurde der Name auch auf die Lieder-*Edda*, die im Codex Regius überliefert ist, übertragen; seitdem ist es bei dieser Verschiebung geblieben, und wenn man den Begriff *Edda* ohne jedweden Zusatz vorfindet, ist traditionell die Lieder-*Edda* gemeint.

Im letzten Satz habe ich etwas erwähnt, das Codex Regius genannt wird, und jeder, der sich bisher nicht oder nicht intensiv mit der Lieder-*Edda* auseinandergesetzt hat, wird berechtigterweise die Frage stellen, was denn dieser Codex Regius (dt. etwa ‚königliche Sammlung') sei. Der Codex Regius ist eine altnordische Handschrift, welche *die* zentrale Version der Lieder-*Edda* enthält. Das Format lässt nichts Großes ahnen: Der Codex Regius ist ein „kleines, unscheinbares Büchlein, nur 19 mal 13 Zentimeter in den Maßen"[125]; es enthält auf

> „45 Blättern (die Handschrift weist eine Lakune von 8 Blättern auf) 11 mythologische Gedichte und 18 Heldenlieder und trägt seit 1643 die Bezeichnung ‚*Edda*'. Sie bildet zusammen mit der Skaldendichtung und den Isländersagas einen genuinen Beitrag zur Weltliteratur, in der Germania stehen diese drei Gattungen einzig da. Die Handschrift trägt keinen Titel."[126]

Was Uecker hier nicht anmerkt ist, dass nach Blatt 32 acht Blätter leider fehlen. Sie wurden im 18. Jahrhundert durch acht leere Blätter gefüllt, um das Buch wenigstens ansatzweise zu ‚vervollständigen'. Die von dieser Lücke betroffenen Textteile, die so genannten „Lieder der Lücke", hat die ältere Forschung versucht, anhand der als ‚Prosaparaphrase' der eddischen Lieder bezeichneten Völsunga-Saga zu rekonstruieren. Obwohl dies nicht unumstritten ist, kann so doch wenigstens grob der Inhalt der fehlenden Stellen nachvollzogen werden. Simek und Pálsson bemerken zu den „Liedern der Lücke" folgendes:

> „Die Lieder der Lücke des Codex Regius sind einige nicht erhaltene Lieder des Sigurð-Stoffes, die uns zwar durch die Prosa-Nacherzählung der Völsungasaga dem Inhalt nach

> bekannt sind, deren Umfang und Form die Forschung aber lange beschäftigt haben. Seit Heusler rechnete man damit, daß zw. den erhaltenen Stücken der Sigrdrífumál und dem Brot af Sigurðarkviða drei verlorene Lieder gestanden hätten, nämlich das so genannte Falkenlied, das Traumlied sowie eine *Sigurðarkviða in meiri*; es ist aber ebenso denkbar, daß in der Lacuna nur ein einziges Lied völlig verloren ging, nämlich die längere Sigurðarkviða."[127]

Bis auf diese Lücke sind die Lieder aber weitestgehend vollständig. 1643 gelangte das Büchlein in den Besitz des isländischen Bischofs Brynjólfur Sveinsson, der es 1662 dem dänischen König Frederik III. übereignete; auf diesem Wege fand der Codex Regius zunächst seine Bleibe in der Königlichen Bibliothek in Kopenhagen. Dort lagerte das Buch, bis es 1971 in einem großen Zeremoniell an Island zurückgegeben wurde. Heute liegt die Handschrift in Reykjavík. Die Sammlung wird oft als Ältere *Edda* bezeichnet[128], weil angenommen wird, dass der Dichter Snorri die Texte, die im Codex Regius enthalten sind, als Arbeitsgrundlage für seine Prosa-*Edda*/Jüngere *Edda* benutzt hat.

Die Autorenfrage ist eng mit der Diskussion um die Entstehungszeit der Edda verknüpft, und daran angeschlossen kommt immer unwiderruflich die Frage nach dem Einfluss des Christentums auf. Am ehesten würde hier ein Forschungsbericht Sinn machen, der die beiden differierenden Positionen gegenüberstellt und Pro- und Contra-Argumente abwägt. Diesen Bericht möchte ich aber aus zwei Gründen aussparen: Zum einen spricht der Umfang eines solchen Berichtes gegen ihn, und zweitens verlangt eine Diskussion immer nach einer Antwort durch den Abhandelnden. Diese Antwort will ich aber nicht geben müssen, weil ich sie nicht geben kann, zumindest nicht ohne Spekulation und schlechtes Gewissen. Ich kann nur darauf hinweisen, dass die Beantwortung des eben genannten Fragekomplexes immer von der Perspektive des Betrachters abhängt. Der Name *Edda* wurde bereits verschiedentlich gedeutet. So gibt es die etymologischen Möglichkeiten, *Edda* 1. von *óðr* = Dichtkunst, 2. von *Oddi* = Buch, oder 3. von lat. *edo* (inf. *edere*) = ich verkünde/publiziere/schreibe abzuleiten. Aber wie es der Zufall will, gibt das Werk selbst Auskunft über seinen Namen. Im Götterlied *RígsÞula* findet sich das Wort *Edda* in der Bedeutung ‚Urgroßmutter'. Damit kann nur gemeint sein, dass im Werkkomplex Texte überliefert/erhalten sind, die wie von einer Urgroßmutter erzählt sind. Auf diese Weise soll auf der einen Seite auf das hohe Alter der Lieder, auf der anderen Seite auf das tiefe (mythologische) Wissen, das den Liedern innewohnt, hingewiesen werden. Seit der deutschen Übersetzung der Lieder-*Edda* durch Karl Simrock Mitte des 19. Jahrhunderts gliedert man die Götterlieder in drei Hauptgruppen, die Heldenlieder in drei Sagenkreise: Die *Völuspá* steht zu Beginn der Sammlung als Überblick über das gesamte Weltengeschehen und -schicksal alleine; ihr folgen fünf Odinslieder sowie fünf Thorslieder. In ihnen steht Odin bzw. sein Sohn Thor im Mittelpunkt. Diesen schließen sich fünf Vanelieder an, die von verschiedenen Gottheiten handeln. Der Heldenliedzyklus schließlich wird von den Geschehnissen der Wieland-, Helgisowie Sigurð-/Guðrúnsage bestimmt.

Die *Edda* enthält 16 Götter- und 24 Heldenlieder, die im Folgenden nach den im Codex Regius enthaltenen Liedern und Gedichten in loser Folge gelistet sind:

1. Götterlieder

- *Völuspá* („Die Weissagung der Seherin“)
- *Grímnismál* („Das Grimnir-Lied“)
- *VafÞrúdnismál* („Das Wafthrudnir-Lied“)
- *Hrafnagaldr Óðins* („Odins Rabenzauber)
- *Hávamál* („Des Hohen Lied“) in drei Teilen
- *Hárbarðsliòð* („Das Harbard-Lied“)
- *Hymiskvida* („Das Hymir-Lied“)
- *Oegisdrecka* („Oegirs Trinkgelage“)
- *Þrymskviða* oder *Hamarsheimt* („Das Thrym-Lied“ oder „Des Hammers Heimholung“)
- *Alvísmál* („Das Alvislied“)
- *Skírnismál* („Skirnirs Ritt“)
- *Grógaldr* („Groas Erweckung“)
- *Fjölsvinnsmál* („Das Lied von Fjölswidr“)
- *RigsÞula* („Rigs Merkreihe“)
- *Hyndluliòð* („Das Hyndlalied“)
- *Sólarliòð* („Das Sonnenlied“)
- *Vegtamskviða* oder *Baldrs draumar* („Balldurs Träume“) [nicht im Codex Regius enthalten, aber der *Edda* zugerechnet]

1. Heldenlieder

- *Völundarkviða* („Das Wölund-Lied“)
- *Helgakviða* („Das Lied von Helgi dem Sohn Hjörwards“)
- *Helgakviða Hundingsbana fyrri* („Das erste Lied von Helgi dem Hundingstöter)
- *Helhakviða Hundingsbana önnur* („Das zweite Lied von Helgi dem Hundingstöter“)
- *Sinfiötlalok* („Sinfötlis Ende“)
- *Sigurðkviða Fanfnisbana fyrsta edha Gripisspá* („Das erste Lied von Sigurd dem Fafnirstöter oder Gripirs Weissagung“)
- *Fafnismál* („Das Lied von Fafnir“)

- *Sigrdrífumál* („Das Lied von Sigrdrifa")
- *Brot af Brynhildarkviða* („Bruchstück eines Brynhildliedes")
- *Sigurðkviða Fafnisbana thridja* („Das dritte Lied von Sigurd dem Fafnirstöter")
- *Helreið Brynhildar* („Brynhilds Fahrt in die Unterwelt")
- *Guðrúnarskviða in fyrsta* („Das erste Gudrun-Lied")
- *Guðrúnarskviða in önnur* („Das zweite Gudruns-Lied")
- *Guðrúnarskviða in Þriðia* („Das dritte Gudruns-Lied")
- *Oddrúnargrátr* („Oddruns Klage")
- *Atlakviða* („Das ältere Atli-Lied")
- *Atlamál* („Das jüngere Atli-Lied")
- *Guðrúnarhvöt* („Gudruns Aufreizung")
- *Hamðismál* („Das Lied von Hamdir")
- *Sigurðarkviða en skamma* („Das jüngere Sigurdlied")
- *Brot af Sigurðarkviða* („Bruchstück eines Sigurdlieds")
- *Bjarkamál en formu* („Das Bjarkilied")
- *Grottasongr* („Das Mühlenlied")
- *Starkaðarhvot* („Starkards Aufreizung")
- *Víkarsbálkr* („Starkards Rückblick")

Es ist wohl unnötig zu erwähnen, dass es sich bei der *Edda* um eine Liedsammlung (oder auch: einen Liederkreis) handelt. Diese Lieder behandeln eine in sich geschlossene Thematik, nämlich die Geschichte(n) der heidnischen Götter und Helden alter Zeit. Das gleiche geschieht zum Beispiel auch im berühmten deutschen *Nibelungenlied*,[129] jedoch besteht ein gewaltiger (und offensichtlicher) Unterschied zwischen den beiden Werken: Anders als das *Nibelungenlied* ist die *Edda kein* durchgängig erzähltes Epos mit fixiertem Anfang, einer stringenten

Erzählstruktur und einem inhaltlich erkennbaren Ende, sondern eine ‚runde' Zusammenstellung von inhaltlich verwandten Liedern in einer bestimmten poetischen/metrischen Form.[130] Die Lieder sind auf vielfältige Art und Weise und vielerorts miteinander verwoben und gehorchen in ihrer Anordnung weitestgehend einer gewissen chronologischen und biographischen Logik. Diese Logik wird häufig, das gilt hervorgehoben für den großen Bereich der Heldenlieder, durch die so genannte Ansippung, also durch die fiktionale familiäre Verbindung verschiedener Helden, erreicht. Demnach wird, aus poetologischen und logischen Erwägungen, beispielsweise Högni zu Gunnars Bruder, Brynhild ist, wenn es der Redaktor so möchte, Atlis Schwester. In der epischen deutschen Version der Sage, in der diese Gestalten vorkommen – es ist das *Nibelungenlied* gemeint – sind diese Protagonisten nicht miteinander verwandt. Die Verwandtschaftsverhältnisse, ich betone es noch einmal, haben den Zweck, logische Verknüpfungen zwischen den einzelnen Lieder entstehen zu lassen, um einen mehr oder weniger geschlossenen Liedzyklus zu erschaffen. Ein gutes Beispiel für diese Ansippung liefert Kristjánsson. Er stellt fest, dass sich fast alle Heldenlieder mit den Angehörigen zweier Familien und deren angeheirateten Verwandten

> „[befassen]: einerseits mit Helgi Hundingsbani und Helgi Hjörvarðsson, andererseits mit den Völsungen und Niflungen (auch Gjúkungen genannt). Die Lieder, die sich mit den Letztgenannten befassen, sind viel zahlreicher und verschiedenartiger als die anderen, aber in der *Edda* werden beide Gruppen dadurch miteinander verbunden, daß Helgi Hundingsbani zu einem Halbbruder von Sigurðr Drachentöter, dem berühmtesten aller Völsungen, gemacht wird."[131]

Die als Götterlieder[132] bezeichnete Gruppe eddischer Lieder besteht aus zwei voneinander verschiedenen Sorten von Texten: Zum einen gibt es diejenigen Götterlieder, die als Wissensdichtung angelegt sind. Aufgabe dieser Lieder mit hohem didaktischen Anspruch ist die Darstellung von möglichst viel mythologischem Wissen in hochkonzentrierter und kompakter Form. Dieses Wissen wurde dann auswendig gelernt und im Rahmen von Vorträgen[133] von, modern gesprochen, Multiplikatoren gehört und dann weitergegeben. Einige der Wissensgedichte weisen die Dialogform auf:[134] Dabei werden von immer zwei Protagonisten (zum Beispiel der Göttervater und ein Riese im *VafÞrúdniðnismál*[135] oder sogar Thor und ein Zwerg im *Alvísmál*) in einem Frage-Antwort-Spiel Wissen dargelegt; dabei kann es sich auch um einen Wissenswettstreit handeln. Dieses Wissen, ich wies bereits darauf hin, ist immer mythologisches Wissen, meist geht es dabei um Namen göttlicher Geschöpfe. Diese Gestalten werden vom Fragenden umschrieben, der Antwortgebende muss ihren Namen nennen. So zum Beispiel hier im *VafÞrúdniðnismál*: Odin fragt den Riesen Wafthrudnir (Strophe 50), „wer von den Asen / herrscht über das Gut / der Götter, wenn Surts Flamme erlischt“. Darauf antwortet der Riese (Strophe 51), dass „Widar und Wali“ den Asenthron besteigen werden, wenn die Welt nach dem Untergang neu erstanden ist.

Die zweite Gruppe ist die Spruchdichtung. In diesen Liedern werden keine mythologischen Begebenheiten oder Kenntnisse dargestellt; das Augenmerk liegt auf der Vermittlung von Lebensweisheiten und Verhaltensregeln. Die Anordnung der Lieder zeigt eine deutliche Sortierung: Während die *Völuspa* als erstes Lied die Geschichte der Welt von der Schöpfung bis zum Untergang behandelt, wird das zu vermittelnde Wissen im Verlaufe der nachfolgenden Texte immer genauer – auf ein globales Thema folgen abgegrenzte Inhalte. Die Götterlieder sind in keinem Falle mit genuin christlichen Hymnen, Gebeten oder Liturgien vergleichbar. Ein Lied wie zum Beispiel das *Hárbarðsljóð* wurde nicht zur Ehre Wodens und seines Sohnes Thor geschaffen, sondern dient als Werk „mythologischer oder kosmogonischer Bedeutung“[136] zur Belustigung und Belehrung. In die gleiche Sparte dürfen wir alle Götterlieder einordnen: Der Leser/Hörer der *Edda* wird durch die Lieder generell über den altgermanischen Götterkosmos belehrt, ohne aber dadurch exklusive Erkenntnisse über den Glauben an sich gewinnen zu können. Dies setzt die Götterlieder direkt von christlichen Texten ab, durch die der Leser/Zuhörer zumeist über den Charakter bzw. die Beschaffenheit des Glaubens informiert wird und Einsichten in das Innere der religiösen Struktur erhält. Deshalb wäre es inkorrekt, christliche Hymnen beispielsweise als Lieder in einem streng literarischen Sinne zu bezeichnen, denn ihr primärer Anspruch ist die Vermittlung von Glaubensinhalten, nicht die Unterhaltung beim Gastmahl. Die Texte der *Edda* hingegen sind genuin literarische Lieder, da sie sich mit didaktischen und unterhaltsamen Geschehnissen beschäftigen und keine hochspirituellen Aspekte transportieren.

Die eddischen Heldenlieder[137] befassen sich mit verschiedenen *heidnischen* Helden; um christliche Heilige in der Manier von, sagen wir einmal, dem Drachentöter St. Georg oder dem Heidenbekehrer St. Patrick geht es explizit *nicht*. Interessanterweise stammen beinahe alle Heroen, über die gedichtet wird bzw. die als Handlungsträger in den Liedern auftauchen, aus der Zeit der Völkerwanderung auf dem europäischen Festland; so wird zum Bespiel die Heldin Sigrdrifa des gleichnamigen Liedes *Sigrdrífumál* im „Frankenland“[138] lokalisiert. Manche der Liedcharaktere sind sogar historisch greifbar: Der Held Atli ist mit dem legendären Hunnenkönig Etzel gleich zu setzen, die Figur des Gunnar dem Gundahar, dem König der Burgunder. Wieder können wir mit Kristjánsson unsere Darstellung an diesem Punkt zusammenfassend wiederholen und uns anhand der Beobachtungen dieses Fachmannes versichern, dass unsere Erkenntnisse nicht aus der Luft gegriffen sind.

> „Wie schon erwähnt, enthält die zweite Hälfte des Codex Regius Lieder über Helden, die in der sogenannten [sic] Völkerwanderungszeit auf dem europäischen Festland lebten. Einige der Helden sind zwar historisch unbekannt und geographisch schwer anzusiedeln, andere dagegen sind berühmte Persönlichkeiten, die man aus zuverlässigen Chroniken kennt – z. B. Ermanaric, König der Ostgoten (Jörmunrekr), Gundaharius, König der Burgunder (Gunnnarr) und Attila, König der Hunnen (Atli). Sie und ihre Völker lebten in Mitteleuropa, einige erreichten im Westen den Rhein, andere erstreckten sich im Osten bis zum Schwarzen Meer.“[139]

Dadurch, dass Charaktere, die bereits auf dem Kontinent besungen wurden, nun auch Einzug in die isländische Literatur fanden, ließen sich gewisse Überschneidungen mit kontinentaleuropäischen Heldendichtungen nicht vermeiden. Vor allem gibt es wesentliche Verbindungen zwischen der *Edda* und dem *Nibelungenlied*, wie ich oben bereits angedeutet habe. Man kann sogar sagen, dass die deutsche Nibelungensage in weiten Teilen aus einer Kompilation eddischer Motive, Geschehnissen und Handlungssträngen besteht. Dabei ist die Sage um Gernot,

Siegfried, Kriemhild und Hagen in der *Edda* ursprünglicher und ‚originaler': Im *Nibelungenlied* sind beinahe alle direkten Bezüge zum germanischen Götterglauben/zur heidnischen Kultur, die in der *Edda* vorherrschend sind, sie sogar weitestgehend prägen, ausgeschaltet, die Charaktere sind gemäß dem im kontinentalen hohen Mittelalter herrschenden Habitus[140] angepasst, sie wurden höfisiert, ihre Verhaltensweisen für das Publikum greifbar, verständlich gemacht. Auch erscheinen die uns aus dem *Nibelungenlied* geläufigen Namen in der eddischen Dichtung anders: Siegfried heißt Sigurðr, Hagen Högni, Kriemhild Guðrún. Die altnordische Literatur kennt die kontinentaleuropäische Form des Versepos nicht, deshalb ist der uns bekannte Nibelungenstoff auf eine ganze „Reihe von *Edda*liedern unterschiedl. Alters"[141] aufgeteilt. Alle diese Texte befassen sich mit unterschiedlichen Abschnitten aus dem Leben des Helden Siegfried/Sigurðr sowie ganz allgemein mit dem Leben und Untergang der Nibelungensippe, altnordisch *Niflungen*. Mit Sigurðr beschäftigen sich die eddischen Lieder *Sigurdkviða Fanfnisbana fyrsta edha Gripisspá*, *Reginsmál*, *Fáfnismál*, *Sigrdrífumál* und die *Sigurðarkviða en skamma*. Den gleichen Handlungskreis stecken auch die drei Gudrunlieder sowie „Brynhilds Fahrt in die Unterwelt", *Atlakviða*, *Oddrúnargrátr* und *Atlamál*. Die Heldenlieder erscheinen, wie auch schon die Wissensdichtung der Götterlieder, extrem uniform: Bezeichnend für alle Lieder sind die immer wieder kehrenden Motive von Heldenmut, Tod, Rache und Mord. Viele Heroen werden von Visionen heimgesucht, in denen ihnen ihre zukünftigen Aufgaben offenbart werden. Diese Visionen werden entweder durch Träume oder den Einfluss eines magisch begabten Sehers verursacht. Es wird gemordet, dann der Mord durch Mord gerächt – der Heldenliedkomplex berichtet im Großen und Ganzen von insgesamt 36 toten Protagonisten; das sind, bei 24

Heldenliedern, 1,5 tote Figuren pro Lied! Im letzten Lied der *Edda*, dem *Hamðismál*, werden gar die Verbliebenen der Sippen des Helgi und Sigurðr komplett vernichtet.[142] Ein wesentlicher Aspekt aller Lieddichtungen, davon ist die *Edda* natürlich nicht ausgenommen, ist der der Form oder formalen Gestaltung. Im Folgenden soll es deshalb um die Strophenart, das Versmaß und die Form des Vortrages der eddischen Lieder gehen. Zwei Versmaße stehen bei der Dichtung der *Edda* im Vordergrund: Dies ist zum einen der *Fornyrðislag*, auf der anderen Seite der *Ljóðaháttr*. Die Bezeichnung *Fornyrðislag*, der ungefähr mit „Versmaß für alte Sagen"[143] oder auch „Altmärenton" (Mären, singular das Märe, steht dann für eine fiktive, literarische Geschichte, und Altmären deshalb, weil die Geschichten in der grauen Vorzeit spielen) oder einfach nur „Lied- und Erzählton", leitet sich aus der Snorra-*Edda*, genauer dem *Háttatal* ab. Der *Háttatal* stellt alle gängigen Versformen der altnordischen Dichtung vor, und im 94. Kapitel dieser Dichtung sinniert Snorri über eben den *Fornyrðislag*. Daher ist dieses Versmaß erst als Terminus technicus in den Sprachgebrauch eingegangen. Simek definiert den *Fornyrðislag* als das „Versmaß der epischen Heldenlieder, der mytholog. wie der heroischen".[144]

Vor allem in der erzählenden Dichtung findet der *Fornyrðislag* also seine Anwendung, dies belegt Simeks Konjektion vom „Versmaß der epischen Heldenlieder".[145] Der *Fornyrðislag* steht der altgermanischen epischen Langzeilendichtung nahe, welche wir im nächsten Kapitel noch näher kennen lernen werden. Der Altmärenton ist der eddischen Dichtung aber keinesfalls exklusiv; bereits in einem Text aus der Zeit um 800, wir sprechen hier von der „Runenstrophe auf dem Runenstein von Rök",[146] findet dieses Versmaß Verwendung. Rein technisch gesprochen, macht den *Fornyrðislag* folgendes aus: Strophen, die im Altmärenton gedichtet sind, bestehen aus vier Langzeilen.

Eine Langzeile wiederum besteht aus einer Verbindung von zwei Kurzzeilen mit je zwei Hebungen. Diese zwei Kurzzeilen werden mittels des Stilmittels der Alliteration in Zusammenhang gebracht.
Doch was ist eine Alliteration? Die Alliteration wird bisweilen auch als Stabreim bezeichnet, was ebenfalls absolut korrekt ist. Der Stabreim ist *das* vorherrschende Metrum der altgermanischen und altnordischen *oral poetry*, also der mündlich überlieferten und schriftlich erst in einem sehr späten Stadium fixierten Literatur. Er meint den „Gleichklang des Anlauts der Reimwörter“,[147] also den Anreim bzw. die Hervorhebung mindestens zweier, gerne auch mehrerer bedeutungsschwerer Wörter durch gleichen Anlaut ihrer Stammsilbenbetonung („Stammsilbenbetonung“ meint die Betonung der *ersten* Silbe eines Wortes). Verdeutlichen wir das Prinzip der Alliteration im Allgemeinen anhand eines Verses des ‚deutschen Stabreimmeisters’ Richard Wagner: In der 4. Szene von *Das Rheingold* heißt es „Was willst du, Wütender?“ (Vers 1696),[148] die Hervorhebung liegt ganz klar auf den Worten, die mit dem *Signifiant* (dem ‚lautlichen’, ‚inhaltlosen’ Zeichen) „w“ beginnen. Bis auf das Personalpronomen „du“ sind also alle Worte dieses Verses durch den Stabreim aneinander gebunden, die Laute *staben*. Der Stabreim der alten Langzeilendichtung indes funktioniert noch ein wenig anders, da er, ich ging oben bereits darauf ein, zwei Kurzzeilen sinnvoll zu einer Langzeile zusammenfügen muss. Beispielhaft, selbst in der deutschen Übersetzung, ist diese Zeile aus *Helgakviða Hundingsbana fyrri* (Strophe 2): „Sie schufen das Schicksal Dem Schatzspender“.[149] Die Stäbe liegen hier auf dem „sch“-Laut, und mithilfe dieser werden die beiden Kurzzeilen zu einer Einheit verbunden. Man mag sich fragen, wofür der Stabreim eigentlich gut war. War er eine reine poetische Spielerei? Hätte man die beiden Kurzzeilen nicht auch

anders binden oder sie von vorne herein als Langzeile konzipieren können? Die Antworten auf diese Fragen lauten ja und nein: Ja, der Stabreim ist eine poetische Spielerei – er ist künstlerischer Ausdruck der altgermanischen und -nordischen Literaturauffassung; vielleicht so, wie das Prinzip des Haiku zur japanischen oder das *Shakespearean Sonnet* zur englischen Literatur gehört. Alle poetischen Prinzipien sind im Grunde sinnlos und überflüssig, wenn man sie rein pragmatisch betrachtet, aber künstlerisch und ästhetisch sagen sie etwas aus. Deshalb ist der alte Stabreim genauso wichtig wie jedes andere ästhetische Produkt, das dem menschlichen Geiste entsprungen ist. Der Stabreim, das hebt ihn heraus, erfüllt aber auch einen pragmatischen Zweck. Dadurch, dass er das Metrum einer mündlichen Dichtungstradition ist, die davon lebt, dass Zuhörer sie im Gedächtnis behalten, sie ‚merkbar' ist, erfüllt er durch den Gleichklang vieler bedeutungsschwerer Worte diese memory-Funktion: Die Alliteration macht Verse einprägsam durch die Bindung, die sie schafft.

Das andere vorherrschende Versmaß der Lieder-*Edda* ist der *Ljóðaháttr*, den man am ehesten mit „Liedton" übersetzen kann. Er findet sich vor allem im Götterliedteil, da er das Versmaß der eddischen „Wissens-, Lehr- und Zauberdichtung"[150] ist. Im *Ljóðaháttr* schließen sich nach dem oben bereits dargelegt metrischen Muster wieder zwei Kurzzeilen zu einer Langzeile zusammen, wobei jeder Langzeile eine Kurzzeile folgt und umgekehrt. Dieses Schema – also Langzeile—Kurzzeile—Langzeile—Kurzzeile – bildet eine Strophe, selbstverständlich ist der Stabreim auch in diesem Versmaß vorhanden. Diese Kurzzeile wird auch „Einzelvers"[151] oder „Vollzeile"[152] genannt. Die Vollzeile stabt „in sich selber",[153] besitzt keine Zäsur – also den *cut* in der Mitte einer klassischen Langzeile – und ist meist dreihebig. Die Kombination aus Lang- und Kurzzeile bildet immer einen Satz, die beiden Sätze einer Strophe sind „öfters miteinander verknüpft".[154]

Wir sprechen die ganze Zeit von Liedern als Gattung der Texte, die unter dem Namen *Edda* zusammengefasst worden sind, und bisher haben wir sie immer als schriftliche bzw. ‚visuelle' Zeugen einer längst vergangenen literarischen Epoche oder gar kulturellen Zeit betrachtet. Nun ist es an der Zeit, die eddischen Texte ganz kurz im Lichte eines anderen Aspektes zu behandeln, nämlich unter dem der Vortragskunst. Das hervorstechende Merkmal von Liedern, das besonders uns Modernen gleich in den Sinn kommt, ist, dass sie primär als auditive Kunst in Erscheinung treten; sie werden mehr und lieber gehört als gelesen, und ihren vollen künstlerischen Gehalt entfalten sie erst im Vortrag unter der Verwendung einer festgelegten und auf den Text abgestimmten Melodie. Dieses Verdikt gilt auch für die eddische Textsammlung. Verschiedene Quellen überliefern alte Melodien in Verbindung mit den Liedern der *Edda*, die Echtheit – im Hinblick auf ihre Entstehungszeit und den geographischen Raum der Niederschrift, beides muss ja mit der *Edda* einigermaßen korrespondieren! – jener Melodien wurde bisher nicht ernstzunehmend angezweifelt. Durch die Existenz der Melodien ist der Beweis wohl fürs Erste erbracht, dass die Lieder, die uns durch den Codex Regius erhalten geblieben sind, wirklich gesungen wurden – welchen Zweck sollten die Melodien sonst schon haben? Abgesehen von der seit ewigen Zeiten vorgenommenen Klassifizierung der Texte als Lieder und dem Vorhandensein von Melodien, die mit den Lieder korrespondieren, finden wir auch sprachliche ‚Nachweise' für unsere These, dass die eddischen Lieder – zumindest teilweise – als Vortragsliteratur konzipiert worden sind.[155] Viele Texttitel des eddischen Korpus tragen die Wortendungen „-kviða“ oder „-ljöð“ in ihrem Namen, ich nenne als Beispiele *Atlakviða* und *Sólarljöð*. Beide Bezeichnungen weisen auf einen gesprochenen oder gesungenen Vortrag hin: „kveða“ oder „kviða“ heißt so viel wie „sagen“ oder „(aus)sprechen“, „kviða“ darüber hinaus noch „Gedicht“. Nicht belegt sind Vermutungen, die „kveða“ mit „mit Instrumenten vortragen“ und „kviða“ mit „vortragen“ oder „rezitieren“ übersetzen möchten. In dieser ‚kviða-Abteilung' werden diejenigen Lieder zusammengefasst, die bisweilen auch „doppelseitige Ereignislieder“ genannt werden, da sich in ihnen strophische Lieddichtung mit erzählenden Passagen in Prosa abwechseln. Die Wortendungen führen immer wieder zu dem Ergebnis, dass die eddischen Lieder in den Bereich der publikumsorientierten Vortragskunst einzuordnen sind. Die Endung „-ljöð“ bedeutet nichts anderes als „Lied“ und weist damit – ich habe oben schon auf die allgemeine Auffassung, wie Texte der Gattung „Lied“ am ehesten rezipiert werden, hingewiesen – wie das Vorausgehende ebenfalls auf einen Vortragscharakter der Texte hin.

Die Frage, wann und zu welcher Gelegenheit die Lieder der *Edda* vorgetragen wurden, lässt sich wohl leicht beantworten. Man muss davon ausgehen, dass Darbietungen der Texte immer da stattgefunden haben, wo viele Menschen versammelt waren, und das konnte nur auf großen Veranstaltungen wie zum Beispiel Jahresfesten der Fall sein. Es ist anzunehmen, dass der vortragende Sänger ein so genannter Skalde war.[156] Aber selbst wenn einmal kein professioneller Sänger anwesend war, brauchte auf einen Vortrag der eddischen Lieder nicht verzichtet werden, denn bei Bedarf wurden die Texte auch vorgesprochen. Dabei musste aber darauf geachtet werden, dass der strenge Stabreim, der die Lieder prägt, auch ungesungen klar und präzise herausgehoben wurde. Der gleiche Anlaut der Stammsilben musste laut und mit Nachdruck ausgesprochen werden, damit man den Stabreim problemlos erkennen konnte. Zum Vergleich der Vortragskultur möchte ich im Folgenden einen kurzen Exkurs in die deutsche mediävistische Vortragsliteratur starten, der auf die Unterschiede und Gemeinsamkeiten zwischen den beiden Literaturregionen hinweisen soll.

Nun stoßen wir endgültig zum Kern dieses Büchleins, nämlich der Analyse dreier berühmter und bedeutungsschwerer Lieder der Lieder-*Edda*, vor. Dazu werde ich die Liedtexte hier vollständig zitieren, damit Anschauungsmaterial für die Analyse vorhanden ist. Ich möchte mit der bereits vielfach genannten *Völuspá*, „Der Seherin Ausspruch" beginnen; die Länge des Liedes mag auf den ersten Blick vielleicht abschreckend wirken, aber der Text entfaltet eine poetische Kraft, die ihn immer wieder lesenswert macht. Texteigenarten habe ich aus dem Originaltext übernommen und nicht angepasst.[157]

1
Allen Edeln gebiet ich Andacht,
Hohen und Niedern von Heimdalls Geschlecht;
Ich will Walvaters Wirken künden,
Die ältesten Sagen, der ich mich entsinne,

2
Riesen acht ich die Urgebornen,
Die mich vor Zeiten erzogen haben.
Neun Welten kenn ich, neun Aeste weiß ich
An dem starken Stamm im Staub der Erde.

3
Einst war das Alter, da Ymir lebte:
Da war nicht Sand nicht See, nicht salzge Wellen,
Nicht Erde fand sich noch Ueberhimmel,
Gähnender Abgrund und Gras nirgend.

4
Bis Börs Söhne die Bälle erhuben,
Sie die das mächtige Midgard schufen.
Die Sonne von Süden schien auf die Felsen
Und dem Grund entgrünte grüner Lauch.

5
Die Sonne von Süden, des Mondes Gesellin,
Hielt mit der rechten Hand die Himmelrosse.
Sonne wuste nicht wo sie Sitz hätte,
Mond wuste nicht was er Macht hätte,
Die Sterne wusten nicht wo sie Stätte hatten.

6
Da1 gingen die Berather zu den Richterstühlen,
Hochheilge Götter hielten Rath.
Der Nacht und dem Neumond gaben sie Namen,
Hießen Morgen und Mitte des Tags,
Under und Abend, die Zeiten zu ordnen.

7
Die Asen einten sich auf dem Idafelde,
Hof und Heiligtum hoch sich zu wölben.
(Uebten die Kräfte Alles versuchend,)
Erbauten Essen und schmiedeten Erz,
Schufen Zangen und schön Gezäh.

8
Sie warfen im Hofe heiter mit Würfeln
Und darbten goldener Dinge noch nicht.
Bis drei der Thursen- töchter kamen
Reich an Macht, aus Riesenheim.

9
Da gingen die Berather zu den Richterstühlen,
Hochheilge Götter hielten Rath,
Wer schaffen sollte der Zwerge Geschlecht
Aus Brimirs Blut und blauen Gliedern.

10
Da ward Modsognir der mächtigste
Dieser Zwerge und Durin nach ihm.
Noch manche machten sie menschengleich
Der Zwerge von Erde, wie Durin angab.

11
Nyi und Nidi, Nordri und Sudri,
Austri und Westri, Althiofr, Dwalin,

Nar und Nain, Nipingr, Dain,
Bifur, Bafur, Bömbur, Nori,
Ann und Anarr, Ai, Miödwitnir.

12
Weigr, Gandalfr, Windalfr, Thrain,
Theckr und Thorin, Thror, Witr und
Litr,
Nar und Nyradr; nun sind diese
Zwerge,
Regin und Raswidr, richtig aufge-
zählt.

13
Fili, Kili, Fundin, Nali,
Hepti, Wili, Hannar und Swior,
Billingr, Bruni, Bildr, Buri,
Frar, Hornbori, Frägr und Loni,
Aurwangr, Jari, Eikinskjaldi.

14
Zeit ists, die Zwerge von Dwalins
Zunft
Den Leuten zu leiten bis Lofar hin-
auf,
Die aus Gestein und Klüften streb-
ten
Von Aurwangs Tiefen Zum Erden-
feld.

15
Da war Draupnir und Dolgthrasir,
Har, Haugspori, Hläwangr, Gloi,
Skirwir, Wirwir, Skafidr, Ai,
Alfr und Yngwi, Eikinskjaldi.

16
Fialar und Frosti, Finnar und
Ginnar,
Heri, Höggstari, Hliodolfr,
Moin.
So lange Menschen leben auf
Erden,
Wird zu Lofar hinauf ihr Ge-
schlecht geleitet.
17
Gingen da dreie aus dieser Ver-
sammlung,
Mächtige milde Asen zumal,
Fanden am Ufer unmächtig
Ask und Embla und ohne Be-
stimmung.

18
Besaßen nicht Seele, und Sinn
noch nicht,
Nicht Blut noch Bewegung,
noch blühende Farbe.
Seele gab Odhin, Hönir gab
Sinn,
Blut gab Lodur und blühende
Farbe.

19
Eine Esche weiß ich, heißt
Yggdrasil,
Den hohen Baum netzt weißer
Nebel;
Davon kommt der Thau, der in
die Thäler fällt.
Immergrün steht er über Urds
Brunnen.

20
Davon kommen Frauen, vielwißende,
Drei aus dem See dort unterm Wipfel.
Urd heißt die eine, die andre Werdandi:
Sie schnitten Stäbe; Skuld hieß die dritte.
Sie legten Looße, das Leben bestimmten sie
Den Geschlechtern der Menschen, das Schicksal verkündend.

21
Allein saß sie außen, da der Alte kam,
Der grübelnde Ase, und ihr ins Auge sah.
Warum fragt ihr mich? was erforscht ihr mich?
Alles weiß ich, Odhin, wo du dein Auge bargst:

22
In der vielbekannten Quelle Mimirs.
Meth dringt Mimir allmorgentlich
Aus Walvaters Pfand! wißt ihr was das bedeutet?

23
Ihr gab Heervater Halsband und Ringe
Für goldene Sprüche und spähenden Sinn.
Denn weit und breit sah sie über die Welten all.

24
Ich sah Walküren weiter kommen,
Bereit zu reiten zum Rath der Götter.
Skuld hielt den Schild, Skögul war die andre,
Gunn, Hilde, Göndul und Geirskögul.
Hier nun habt ihr Herians Mädchen,
Die als Walküren die Welt durchreiten.

25
Da wurde Mord in der Welt zuerst,
Da sie mit Geeren Gulweig (die Goldkraft) stießen,
In des Hohen Halle die helle brannten.
Dreimal verbrannt ist sie dreimal geboren,
Oft, unselten, doch ist sie am Leben.

26
Heid hieß man sie wohin sie kam,
Wohlredende Wala zähmte sie Wölfe.
Sudkunst konnte sie, Seelenheil raubte sie,
Uebler Leute Liebling allezeit.

27
Da gingen die Berather zu den Richterstühlen,

Hochheilge Götter hielten Rath,
Ob die Asen sollten Untreue strafen,
Oder alle Götter Sühnopfer
empfahn.

28
Gebrochen war der Burgwall den
Asen,
Schlachtkundge Wanen stampften
das Feld.
Odhin schleuderte über das Volk
den Spieß:
Da wurde Mord in der Welt zuerst.

29
Da gingen die Berather zu den
Richterstühlen,
Hochheilge Götter hielten Rath,
Wer mit Frevel hätte die Luft erfüllt,
Oder dem Riesenvolk Odhurs Braut
gegeben?

30
Von Zorn bezwungen zögerte Thôr
nicht,
Er säumt selten wo er Solches ver-
nimmt:
Da schwanden die Eide, Wort und
Schwüre,
Alle festen Verträge jüngst trefflich
erdacht.

31
Ich weiß Heimdalls Horn verborgen
Unter dem himmelhohen heiligen
Baum.
Einen Strom seh ich stürzen mit
starkem Fall
Aus Walvaters Pfand: wißt ihr
was das bedeutet?

32
Oestlich saß die Alte im Eisen-
gebüsch
Und fütterte dort Fenrirs Ge-
schlecht.
Von ihnen allen wird eins das
schlimmste:
Des Mondes Mörder über-
menschlicher Gestalt.

33
Ihn mästet das Mark gefällter
Männer,
Der Seligen Saal besudelt das
Blut.
Der Sonne Schein dunkelt in
kommenden Sommern,
Alle Wetter wüthen: wißt ihr was
das bedeutet?

34
Da saß am Hügel und schlug die
Harfe
Der Riesin Hüter, der heitre
Egdir.
Vor ihm sang im Vogelwalde
Der hochrothe Hahn, geheißen
Fialar.

35
Den Göttern gellend sang Gul-
linkambi,
Weckte die Helden beim Heer-
vater,
Unter der Erde singt ein andrer,

Der schwarzrothe Hahn in den Sälen Hels.

36
Ich sah dem Baldur, dem blühenden Opfer,
Odhins Sohne, Unheil drohen.
Gewachsen war über die Wiesen hoch
Der zarte, zierliche Zweig der Mistel.

37
Von der Mistel kam, so dauchte mich
Häßlicher Harm, da Hödur schoß.
(Baldurs Bruder war kaum geboren,
Als einnächtig Odhins Erbe zum Kampf ging.
Die Hände nicht wusch er, das Haar nicht kämmt' er,
Eh er zum Bühle trug Baldurs Tödter.)
Doch Frigg beklagte in Fensal dort
Walhalls Verlust: wißt ihr was das bedeutet?

38
In Ketten lag im Quellenwalde
In Unholdgestalt der arge Loki.
Da sitzt auch Sigyn unsanfter Geberde,
Des Gatten waise: wißt ihr was das bedeutet?

39
Gewoben weiß da Wala Todesbande,
Und fest geflochten die Feßel aus Därmen.
Viel weiß der Weise, sieht weit voraus
Der Welt Untergang, der Asen Fall.
Grässlich heult Gram vor der Gnupahöhle,
Die Feßel bricht und Freki rennt.

40
Ein Strom wälzt ostwärts durch Eiterthäler
Schlamm und Schwerter, der Slidur heißt.

41
Nördlich stand an den Nidabergen
Ein Saal aus Gold für Sindris Geschlecht.
Ein andrer stand auf Okolnir
Des Riesen Biersaal, Brimir genannt.

42
Einen Saal seh ich, der Sonne fern
In Nastrand, die Thüren sind nordwärts gekehrt.
Gifttropfen fallen durch die Fenster nieder;
Mit Schlangenrücken ist der Saal gedeckt.

43
Im starrenden Strome stehn da und waten
Meuchelmörder und Meineidige
(Und die Andrer Liebsten ins Ohr geraunt).
Da saugt Nidhöggr die entseelten Leiber,
Der Menschenwürger: wißt ihr was das bedeutet?

44
Viel weiß der Weise, sieht weit voraus
Der Welt Untergang, der Asen Fall.

45
Brüder befehden sich und fällen einander,
Geschwisterte sieht man die Sippe brechen.
Der Grund erdröhnt, üble Disen fliegen;
Der Eine schont des Andern nicht mehr.

46
Unerhörtes eräugnet sich, großer Ehbruch.
Beilalter, Schwertalter, wo Schilde krachen,
Windzeit, Wolfszeit eh die Welt zerstürzt.

47
Muspels Söhne spielen, der Mittelstamm entzündet sich
Beim gellenden Ruf des Gialarhorns.
Ins erhobne Horn bläst Heimdall laut,
Odhin murmelt mit Mimirs Haupt.

48
Yggdrasil zittert, die Esche, doch steht sie,
Es rauscht der alte Baum, da der Riese frei wird.
(Sie bangen alle in den Banden Hels
Bevor sie Surturs Flamme verschlingt.)
Grässlich heult Garm vor der Gnupahöhle,
Die Feßel bricht und Freki rennt.

49
Hrym fährt von Osten und hebt den Schild,
Jörmungandr wälzt sich im Jötunmuthe.
Der Wurm schlägt die Flut, der Adler facht,
Leichen zerreißt er; los wird Naglfar.

50
Der Kiel fährt von Osten, da kommen Muspels Söhne
Ueber die See gesegelt; sie steuert Loki.
Des Unthiers Abkunft ist all mit dem Wolf;

Auch Bileists Bruder ist ihm verbündet.

51
Surtur fährt von Süden mit flammendem Schwert,
Von seiner Klinge scheint die Sonne der Götter.
Steinberge stürzen, Riesinnen straucheln,
Zu Hel fahren Helden, der Himmel klafft.

52
Was ist mit den Asen? was ist mit den Alfen?
All Jötunheim ächzt, die Asen versammeln sich.
Die Zwerge stöhnen vor steinernen Thüren,
Der Bergwege Weiser: wißt ihr was das bedeutet?

53
Da hebt sich Hlins anderer Harm,
Da Odin eilt zum Angriff des Wolfs.
Belis Mörder mißt sich mit Surtur;
Schon fällt Friggs einzige Freude.

54
Nicht säumt Siegvaters erhabner Sohn
Mit dem Leichenwolf, Widar, zu fechten:
Er stößt dem Hwedrungssohn den Stahl ins Herz
Durch gähnenden Rachen: so rächt er den Vater.

55
Da kommt geschritten Hlodyns schöner Erbe,
Wider den Wurm wendet sich Odins Sohn.
Muthig trifft ihn Midgards Segner.
Doch fährt neun Fuß weit Fiörgyns Sohn
Weg von der Natter, die nichts erschreckte.
Alle Wesen müßen die Weltstatt räumen.

56
Schwarz wird die Sonne, die Erde sinkt ins Meer,
Vom Himmel schwinden die heitern Sterne.
Glutwirbel umwühlen den allnährenden Weltbaum,
Die heiße Lohe beleckt den Himmel.

57
Da seh ich auftauchen zum andernmale
Aus dem Waßer die Erde und wieder grünen.
Die Fluten fallen, darüber fliegt der Aar,
Der auf dem Felsen nach Fischen weidet.

58
Die Asen einen sich auf dem Idafelde,
Ueber den Weltumspanner zu sprechen, den großen.
Uralter Sprüche sind sie da eingedenk,
Von Fimbultyr gefundner Runen.

59
Da werden sich wieder die wundersamen
Goldenen Bälle im Grase finden,
Die in Urzeiten die Asen hatten,
Der Fürst der Götter und Fiölnirs Geschlecht.

60
Da werden unbesät die Aecker tragen,
Alles Böse beßert sich, Baldur kehrt wieder.
In Heervaters Himmel wohnen Hödur und Baldur,
Die walweisen Götter. Wißt ihr was das bedeutet?

61
Da kann Hönir selbst sein Looß sich kiesen,
Und beider Brüder Söhne bebauen
Das weite Windheim. Wißt ihr was das bedeutet?

62
Einen Saal seh ich heller als die Sonne,
Mit Gold bedeckt auf Gimils Höhn:
Da werden bewährte Leute wohnen
Und ohne Ende der Ehren genießen.

63
Da reitet der Mächtige zum Rath der Götter,
Der Starke von Oben, der Alles steuert.
Den Streit entscheidet er, schlichtet Zwiste,
Und ordnet ewige Satzungen an.

64
Nun kommt der dunkle Drache geflogen,
Die Natter hernieder aus Nidafelsen.
Das Feld überfliegend trägt er auf den Flügeln
Nidhöggurs Leichen – und nieder senkt er sich.

Dieses großartige und umfangreiche Gedicht steht im Codex Regius an erster Stelle, und es nimmt sowohl im eddischen Textkorpus als auch allgemein unter mittelalterlichen isländischen Gedichten eine herausragende Stellung ein. Im Folgenden möchte ich detailliert auf den Inhalt des Textes eingehen, im Rückbezug auf unseren Abriss der germanischen Mythologie einige Passagen näher betrachten und ganz allgemein die Bedeutung des Gedichts „Der Seherin Ausspruch" überblicken. Die *Völuspá* stellt in 64 Strophen, von denen in unserer Darstellung aus Platzgründen einige weniger interessante herausgelassen wurden, das gesamte altgermanische Weltbild dar. Diese germanische Schöpfungsgeschichte ist einer Seherin, der so genannten Völva, in den Mund gelegt. Sie berichtet dem Göttervater Odin in langen Worten vom Anfang und Ende der Welt, von den Kriegen der Götter und der Entstehung einer neuen Welt nach den Schrecken des großen Weltenbrandes. Diese Seherin ist von riesischem Erbe, außerdem scheint sie zu den ältesten Wesen des gesamten Kosmos zu gehören. Sie sagt von sich selber, sie sei von Riesen „vor Zeiten / erzogen" (*Völuspá*, Strophe 2) und könne „die ältesten Sagen" (*Völuspá*, Strophe 1) berichten. Doch dies ist nicht die einzige Aussage der Völva zu ihrem Alter und ihrem Wissen, das mächtig und allumfassend ist. Ebenfalls in der zweiten Strophe berichtet sie von den „neun Ästen" des „starken Stammes". Damit ist ganz allgemein die Weltenesche Yggdrasil gemeint, die spezifische Bedeutung dieser Bemerkung geht aber über die Nennung der Esche hinaus: Es handelt sich hier wieder um eine Bemerkung zum Alter und Wissen der Völva. Die Seherin kann sich hier an die graue Urzeit zurückerinnern, als Yggdrasil „noch nicht aus dem Boden keimte",[158] also noch sehr jung war und die Welt in dieser Form nicht existierte. Mit diesen Versen leitet die Völva ihre descriptio der Zeit *vor* der Germanenwelt ein, die die dritte Strophe beherrscht. Sie spricht vom Urriesen Ymir, der über die leere Öde herrschte, wo es „keinen Sand, keine See" gab, und auch „kein Gras" oder ein „Himmel" bekannt gewesen wäre. Nur von einem „gähnende[n] Abgrund" berichtet die Seherin. Die Öde der Urzeit geht dann mit der Ankunft der

Söhne Burs, also Odin und seinen Brüdern Wili und We, zu Ende. Sie gründen zuerst „Midgard" (*Völuspá*, Strophe 4), die „‚mittlere Umzäunung'"[159], die von den Menschen bewohnte Welt, und nach und nach erschaffen all „die hochheiligen Götter" (*Völuspá*, Strophe 6) all das, was die Welt ausmacht. Die Seherin spricht von der Sonne, dem Mond, Sternen, Gras und den verschiedenen Zeiten des Tages. Mit der Definition und Einteilung von Zeit geht die Beschreibung der Schöpfung der Welt zu Ende, und die Geschichte der Götter von der Zeit der Freude bis zu ihrem Fall beginnt.

Die Götter erwählen „Idafeld" (*Völuspá*, Strophe 7), eine Ebene beim hohen Göttersitz, und erschaffen dort alles, was sie für notwendig erachten. „Hof und Heiligtum" (*Völuspá*, Strophe 7) richten sie sich ein, schmieden kostbare Kleinode, „Zangen und schön Gezäh" (*Völuspá*, Strophe 7) und beginnen damit ihre ewig währende Arbeit als Herrscher der Welt und Beschützer der Menschen. Es fehlt ihnen an nichts, sie führen ein herrliches Leben, bis ihre Feinde, die Riesen, beginnen, ihnen das Leben zu erschweren. Mit der Entsendung der „drei Thursen-töchter" (*Völuspá*, Strophe 8), die „aus Riesenheim" (*Völuspá*, Strophe 8) in den Göttersitz Asgard kamen, wird das Ende des goldenen und friedvollen Zeitalters der Götter eingeläutet. Der Einfall der Thursen-Töchter bedeutet gleichzeitig auch den Beginn des ewigen Kampfes zwischen Göttern und Riesen. Die nächste Texteinheit bildet das so genannte *Dvergatál*, die Nennung der Angehörigen des Zwergenvolkes und ihre Urväter; vom Aufbau ist es mit dem *Skáldatál* des Snorri Sturluson vergleichbar. Wir haben gesehen, dass Zwerge für die Mythologie des alten Nordens wichtig sind, sie gehören untrennbar zu den Götter- und Heldenerzählungen dazu. Die Genealogie der Zwerge ist alles andere als ästhetisch hochwertige Kost, und gerade für uns Heutige kaum angenehm zu lesen; Häny bezeichnet das *Dvergatál* gar als „lästig".[160] Die Geschichte der Zwerge beginnt mit ihrer Erschaffung aus „Brimirs Blut / und blauen Gliedern" (*Völuspá*, Strophe 9) und setzt sich mit einer Auflistung von 64 Zwergennamen über sieben Strophen fort. Das *Dvergatál* endet mit einer Glorifizierung der Zwergensippe, deren Stammvater Lofar ist: „So lange Menschen leben auf Erden / Wird zu Lofar hinauf ihr Geschlecht geleitet" (*Völuspá*, Strophe 16). Die Geschichte der Zwerge passt überhaupt nicht in die literarische Struktur *Völuspá*; der oder die Dichter der „Der Seherin Ausspruch" hatten also weniger poetisch-ästhetische als rein mythologische Intentionen beim ‚Einbau' des *Dvergatál* in das Gedicht von der Seherin. Häny merkt in seinem Kommentar zur Lieder-*Edda* an, dass

> „man [...] aber nicht vergessen [darf], daß [...] zahlreiche[n] dieser Namen [die Namen der Zwerge im *Dvergatál*; Anmerk. d. Verf.] Bedeutungen und Rückschlüsse zulassen auf die Dämonologie jener Zeit. Auch war für Menschen mit einem mythischen Weltverständnis die Kenntnis der Namen wichtig: wer den Namen wußte, hatte auch Macht über den Namensträger. Vgl. zum Beispiel das Märchen vom Rumpelstilzchen."[161]

Erinnern wir uns kurz an die lehrhafte eddische Spruchdichtung zurück: Ein lehrreicher, ein didaktischer Inhalt wird in poetische Gewänder gesteckt. Das Gleiche scheint hier auch zu passieren, denn ausgehend von Hänys Beobachtungen ist es wohl kaum zu leugnen, dass das *Dvergatál* belehrend auf den Leser wirken sollte. Die Zwergennamen wurden zu einem bestimmten *Zweck* in die *Völuspá* aufgenommen, nämlich um dem Leser Hilfen bei der Beschwörung von und im Umgang mit zauberhaften Wesen an die Hand zu geben. Im Anschluss an die Geschichte der Zwergensippen befasst sich die Seherin mit den Menschen – und gleich ihre erste Einlassung zu den ersten Menschen erinnert vom Klang der Namen sehr stark an den biblischen Mythos der Genesis der Welt. Die Völva nennt in Strophe 17 die beiden Menschen, die am Strand angeschwemmt von drei Asen gefunden werden, „Ask und Embla", was in unseren größtenteils christlich erzogenen Ohren stark nach Adam und Eva als Gründerväter des Menschengeschlechts klingt. Häny aber zerstreut gleich jegliche Annahme einer christianisierten Schöpfungsgeschichte, indem er darauf hinweist, dass altnordisch „Askr" mit großer Sicherheit „Esche" bedeutet, und „Embla" „offenbar auch ein Baumname"[162] ist. Im Rahmen der Geschichte über die Ankunft von Ask und Embla beschreibt die Völva auch die Esche Yggdrasil und die drei vielwissenden Frauen (*Völuspá*, Strophe 20), die Nornen Urd, Werdandi und Skuld, die an der Quelle des Baumes wohnen und „den Geschlechtern der Menschen, / das Schicksal verkünden[d]" (*Völuspá*, Strophe 20). Diese Verse verknüpfen zwei bedeutende Aussagen, die die Völva tätigt. Zum einen erfahren wir, dass an der Weltenesche Wesen hausen, die das Schicksal von Menschen ins Scheit („Sie schnitten Stäbe" *Völuspá*, Strophe 20) ritzen; zum anderen, dass Menschen sterblich sind und ihr Leben an das Schicksal geknüpft ist. Ab Strophe 25 erläutert die Völva das zweite Ereignis, dass die Welt der Götter verdunkelt und einen Schritt näher zum Ende führt. Die Wanin Gullweig (*Völuspá*, Strophe 25), der Name bedeutet etwa „Goldtrank" oder „Goldkraft",[163] dringt aus der niederen Götterwelt der Wanen in die höhere der Asen ein. Gullweig steht für die Verführung durch das Edelmaterial Gold in Form einer schönen Frau, die die originär schuldlose Welt der hohen Asengötter korrumpiert. Diese Verführung durch das Gold, so Häny, wirke „fort bis heute“.[164] Gullweig wird von der Seherin als Zauberkundige beschrieben, die zaubert, „wohin sie kamm“ (*Völuspá*, Strophe 26). Der zuletzt zitierte Teilvers deutet auf eine ‚globale Verführung' der Götterwelt hin. Gullweig nutzt ihre Künste nicht punktuell, sondern überall, „wohin sie kam“; ihr Ziel ist es, in einem breiten Rahmen Unheil über die Götter zu bringen, was der Wanin auch gelingt. Durch das Eindringen der Sünde in das heilige und friedliche Reich der Götter „wurde Mord / in der Welt zuerst“ (*Völuspá*, Strophe 25): Die Götter foltern Gullweig und verbrennen sie dreimal (*Völuspá*, Strophe 25), um ihre unheilvolle Existenz zu beenden. Daraufhin überlegen die Götter, ob sie „Asen sollten Untreue strafen, oder alle Götter Sühnopfer empfahn“ (*Völuspá*, Strophe 27) sollen; ihre Überlegungen münden – ohne jegliche Erläuterung durch das Gedicht – im Krieg gegen die Wanen. In diesem Krieg, es ist der erste, den die Götter ausfechten müssen, haben die Wanen die Oberhand und „[zer]stampften das Land“ (*Völuspá*, Strophe 28). Das nächste Ereignis auf dem Weg zum Fall der Asen bildet die Texteinheit direkt im Anschluss an die Gullweig-Episode. Darin erzählt die Seherin vom Bau der großen Götterfeste Asgard und ihren zwölf Palästen. Wir erinnern uns kurz an die Geschichte zurück: Die Götter beauftragten den berühmten Baumeister Hrimthur mit dem Bau ihrer Heimstatt. Dieser veranschlagte als Lohn für seine Arbeit Freya zur Frau, die Sonne und den Mond; die Folgen dieser Bezahlung wären für die Götter untragbar, ja „katastrophal“[165] gewesen. Die Asen setzten dem Baumeister eine Frist von drei Monaten, die Hrimthur, so die Meinung Lokis und der übrigen Asen, niemals einhalten könne; dann bräuchten sie ihm nichts zu zahlen. Doch Hrimthur band sein Pferd in die Arbeit mit ein, und dadurch hätte er es beinahe geschafft, die Frist zu erfüllen. Loki jedoch verwandelte sich in eine Stute und verführte den Hengst Hrimthurs, so dass dieser die Arbeit nicht fristgerecht beenden konnte. Ob dieser List gab sich der wütende Hrimthur als Riese, also als Götterfeind zu erkennen, und wurde postwendend von Thor erschlagen. Mit dieser List wurden die Götter eidbrüchig, die Völva kritisiert dies mit den harten Worten: „Da schwanden die Eide, Wort und Schwüre – Alle festen Verträge jüngst trefflich erdacht " (*Völuspá*, Strophe 30). Die Götter spielen dem drohenden Untergang selbst in die Hände, und durch die, so Häny, „Verletzung des Eides [entsteht] unabsehbares Unglück".[166] Man kann diese Etappe auf dem Weg zum Ende der Welt wohl unter der Prämisse „Fluch der bösen Tat" subsumieren, denn das Brechen des Eides haben die Götter selbst zu verantworten, sie befördern ihr Ende durch ihre eigenen Taten. Das letzte Zwischenspiel vor dem Ereignis, das den Untergang der Götter besiegelt, ist zwar nicht von Grund auf negativ, deutet aber ebenfalls darauf hin, dass die Götter langsam aber sicher auf ihr Ende zu gehen. An zwei Beispielen verdeutlicht das Gedicht, wie die Asen herausragende Eigenschaften ihrer selbst gegen höheres Wissen und Erkenntnis verpfänden – dieses Wissen hilft ihnen jedoch nicht, die Schrecknisse des Ragnarök vorauszusehen oder ihren Untergang zu vermeiden. Die Völva nennt Heimdall, der sein „Horn" (*Völuspá*, Strophe 31) weggab – das, wenn er hineinbläst, in aller Welt gehört wird, und weist ebenso auch auf Allvater Odin hin, der dem Riesen Mimir sein „Auge" (*Völuspá*, Strophe 21-22) im Austausch gegen – scheinbar – allmächtiges und unendliches Wissen gab. Die Asen verlieren also durch die Tauschgeschäfte Heimdalls und Odins nicht nur symbolisch, sondern ganz praktisch ‚Auge und Ohr'. Diese Strophen sind geschickt positioniert und gestaltet worden: Sie befinden sich zwischen zwei Ereignissen, die den Untergang der Asen direkt definieren, sind aber auf manifester Ebene nicht konkret auf das drohende Ende zu beziehen. Vielmehr wird untergründig klar gemacht, dass die Götter eine eigene Mitschuld tragen an ihrem Untergang, da sie freiwillig hervorragende Eigenschaften, die sie definieren und wichtige, pragmatische Zwecke erfüllen, gegen etwas Unverbindliches eintauschen. Das Ende der Asen wird dann offenbar, als die Lichtgestalt der altgermanischen Götterwelt, Odins Sohn Baldur, durch Lokis Ränke ums Leben kommt. Mit Baldurs Tod, vergleiche auch den entsprechenden Abschnitt in Kapitel 3, schwindet Leben, Freude und Licht aus der Welt der Asen. Zwar äußert sich die Seherin vom Geschlecht der Riesen nicht konkret zu den direkten Folgen der Tötung des Baldur, sie gibt also kein Beispiel, was der Tod des Sohnes Odins für die Asen bzw. die Welt bedeutet. Dennoch deutet ein kleiner Vers, deuten zwei Worte auf die schwerwiegenden Konsequenzen hin, die Balders Tod mit sich führt. Die Seherin nennt Balders Tod am Ende der Balder-Episode „Walhalls Verlust" (*Völuspá*, Strophe 37). Damit ist alles gesagt: Nicht der Krieg gegen die Wanen, oder der Eidbruch, oder der Tausch von Auge und Ohr gegen auf lange Sicht nicht hilfreiches Wissen, sondern der Tod Baldurs durch eine List Lokis besiegelt das Ende der Asen – hier dargestellt in einem pars pro toto durch Walhalla als Bild für die gesamte Götterwelt. Auch poetisch-strukturell wird der Tod Balders als schlimmstes Ereignis in der Geschichte der Asen untermauert. Die Todesepisode beendet die Texteinheit, in der die Asen im Mittelpunkt stehen und leitet die descriptio der altgermanischen Hölle ein. Die Völva evoziert in ihrem Bericht eine altgermanische Höllenvorstellung, in der keines der Schrecknisse fehlt, die schon in Kapitel 3 im Rahmen der Vorstellung der germanischen Mythologie beschrieben wurden. Die Seherin nennt detailliert das alles, was die Hölle, also Helheim, ausmacht. Der Höllenabschnitt ist mythologischer Schmuck, und deshalb verzichte ich hier auf eine präzise Analyse des Inhalts. Viel wichtiger ist, dass die Darstellung Helheims mit dem Ausbruch der Ragnarök endet; die poetische Beschäftigung mit dem altgermanischen Höllenbild ist also auch Vorspiel zur poetischen Beschäftigung mit dem Ende der Götter, dem Ausbruch der Hölle auf Erden bzw. im Himmel. Wie wir wissen, beginnt die Ragnarök mit dem Losreißen des grausigen Fenriswolfes. In vielen Strophen beschwört die Seherin in kraftvollen Worten den Weltuntergang und das Ende der Götter herauf; dabei fährt sie sämtliche mythologischen Ereignisse und Gestalten auf, die zu den Ragnarök und zum Muspilli dazugehören. Sie nennt beispielsweise den Feuerriesen Surt bzw. Surtur und seine alles verzehrenden Flammen (*Völuspá*, Strophe 48 und 51), die Midgardschlange in all ihrer unbändigen Kraft (*Völuspá*, Strophe 55) sowie das Schiff der Toten, Naglfar. Sie beschreibt den Tod Odins und Freys, die Rache Widars am Fenriswolf und die Tötung der großen Schlange durch Thor, der hier als „Sohn der Fiörgyn" (*Völuspá*, Strophe 55) poetisch umschrieben wird. Die letzten Strophen der *Völuspá* sind ganz der Zeit nach dem Ende und der Auferstehung der neuen Welt gewidmet. In ruhigen, ja beinahe sanften und romantischen Worten von der sich neu begrünenden Erde, stürzenden Wasserfällen und hoch kreisenden Adlern (*Völuspá*, Strophe 57) berichtet sie vom Neubeginn von Zeit und Raum. Baldur, der strahlende Lichtgott, erwacht erneut zum Leben und zieht „wieder in Heervaters Himmel" ein (*Völuspá*, Strophe 60). Dort regiert er dann mit Hödur und Hönir (*Völuspá*, Strophe 61), und mit dem Versinken des Drachens Nidhöggur als Symbol alles Bösen endet die an Odin gerichtete visionäre Schau der Völva. Gehen wir zum Schluss noch auf die 63. Strophe der *Völuspá* ein, die sich so gar nicht in die Wirren des altgermanischen Götterkrieges und den mythologischen Erzählrahmen einfügen möchte. „Da reitet der Mächtige zum Rath der Götter, – Der Starke von Oben, der Alles steuert. Den Streit entscheidet er, schlichtet Zwiste, – Und ordnet ewige Satzungen an“ (*Völuspá*, Strophe 63) ist dort zu lesen, was einen christlichen Einfluss deutlich werden lässt. Der Herrscher, der von oben kommt, kann nur den biblisch-christlichen Gott meinen; jede Suche nach einer noch so peripheren Entsprechung in der altgermanischen Mythologie wäre zum Scheitern verurteilt, es gibt dort keine solche Entsprechung. Häny stellt fest, dass diese Strophe ganz spezifisch den „starken christlichen Einfluß bezeugt, unter dem der Dichter der „Weissagung“ gestanden hat“.[167] Dabei ist es aber keinesfalls so, dass diese Strophe allein auf ein zum Teil christlich fundiertes Weltbild des Autors der *Völuspá* hinweist. Schon früher bezeugen Einschübe, dass der „Ethos teilweise schon christlich“[168] ist: Die Seherin verurteilt Meineid, Vielweiberei und Vertrauensbruch; dies sind alles Vergehen, die primär von der christlichen Kirche verurteilt wurden. Außerdem weist Häny auf noch eine weitere Entsprechung zu einer teilweise christlichen Weltanschauung hin. Allgemein gingen die Menschen des 1. Jahrtausends nach der Zeitwende davon aus, dass entweder tausend Jahre nach Christi Geburt – also im Jahre 1000 – oder tausend Jahre nach Christi Tod – also im Jahre 1033 – der Weltuntergang, die große Apokalypse und der Tag des Jüngsten Gerichts, auf die Menschheit zukommt. Das Gedicht steht laut Arthur Häny also „unter dem Einfluß jener Angst vor dem Weltuntergang, die gerade an der Jahrtausendwende die Völker des Abendlandes erschüttert hat“.[169] Unter diesen Vorzeichen *scheint* sich zu ergeben, dass christliche Aspekte vorherrschend und meinungsbildend in „Der Seherin Ausspruch“ bzw. der „Weissagung der Seherin“ (so Hänys Übersetzung) sind; dies ist aber nicht der Fall, und Häny selbst, der mit seinen Kommentaren solche Vermutungen streut, wendet sich aktiv, beinahe aggressiv, gegen die Meinung, die *Völuspá* sei christlich, nicht genuin altgermanisch: Die *Völuspá* „darf aber dennoch als typisch nordisch gelten; es ist und bleibt der *bedeutendste* [Hervorhebungen nicht im Original] Weltentwurf der altgermanischen Dichtung."[170] Die „Weissagung der Seherin" ist also als Schöpfungs- und Weltuntergangsgeschichte Quelle und Beschreibung der heidnisch-germanischen Mythenwelt, in der Götter und Geschichte poetisch aufgearbeitet und den Lesern präsentiert werden. Das Gedicht ist dem entsprechend nicht nur literarhistorisch bedeutungsschwer, sondern vermittelt als lehrhaftes Gedicht auch wichtiges Wissen.

Zum Bereich der *Edda* gehört auch das Werk des großen Dichters und Politikers Snorri Sturluson, der 1220 die berühmte Snorra-*Edda* oder Prosa-*Edda* verfasst hat. Sein Werk besteht aus zwei Kapiteln über die nordische Dichtkunst im Allgemeinen, die *Gylfaginning* als Darstellung der nordischen Götterwelt sowie das *Skáldskaparmál* als Lehraufsatz für nordische Skalden. Wir beginnen mit der spannenden Biographie Snorris und arbeiten uns darüber dann an sein Werk heran. Snorri Sturluson wurde 1179 in Hvamm auf Island als Sohn von Sturla Þorðarson und Gudny Bödvarsdóttir geboren. Er war als Skalde, Dichter, Historiker und als ebenso einflussreicher wie skrupelloser Machtpolitiker bekannt. Erzogen und ausgebildet wurde Snorri von einem mächtigen und einflussreichen Mann, dem Goden Jon Loftsson. Diese Form der Fremderziehung kennen wir aus dem kontinentaleuropäischen Mittelalter: Kinder, die für den Knappen- und späteren Kriegerdienst auserwählt waren, wuchsen bei einem Ritter auf, um dort für ihre spätere Tätigkeit ausgebildet zu werden. Snorri lernte bei Loftsson zuerst das Lesen und Schreiben und wurde später in Geschichte, Geographie, Latein, Theologie und Recht ausgebildet. Etwa 1199 heiratete Snorri eine reiche, junge Frau, und nach 1202 erlangte er in der Stadt Borg seine „erste Godenwürde".[171] Die Ehe hielt nicht lange, und Snorri, der ca. 1206 nach Reykjaholt umgesiedelt war, zeugte Kinder mit einer anderen Frau. Als Politiker war Snorri sehr bekannt und erfolgreich, seine Familien, die Sturlungar, gehörte zu den mächtigsten des Landes und prägte eine ganze Epoche der mittelalterlichen isländischen Geschichte. Deshalb heißt die Phase der Geschichte Islands, die mit dem Leben und Wirken Snorris und dem Zenit der Macht des Sturlungen-Geschlechts zusammenfällt, auch Sturlungenzeit. Für zwei ‚Legislaturperioden', von 1215 bis 1218 und von 1222 bis 1231, hatte er die höchste Position in der isländischen politischen Struktur, die des Althing-Gesetzessprechers, inne. In dieser Position musste Snorri „die gültigen Gesetze vortragen."[172] Snorri war aber auch auf der dunklen Seite der Politik aktiv, denn mit „zunehmender Macht und Wohlhabenheit verstrickte [er] sich zusehends in polit. Fehden".[173] Diese Verstrickung brachte ihm auf lange Sicht seinen unnatürlichen Tod: Zwischen 1218 und 1220 besuchte Snorri zum ersten Mal Norwegen, wo er mit dem Regenten Jarl[174] Skúli sowie dem damals noch jugendlichen König Hakon zusammentraf. Dieses erste Treffen verlief friedlich und problemlos, doch bei Snorris zweiter Reise nach Norwegen 1237 bis 1239 führte Skúli gerade einen fatalen Aufstand gegen den König. Snorris Sympathien für den Jarl wurden ihm zum Verhängnis. Snorri segelte, obwohl er von Hakon in Norwegen unter Hausarrest gestellt wurde, zurück nach Island, wo er im September 1241 zusammen mit einigen seiner Söhne von Meuchelmördern im Auftrag des norwegischen Königs ermordet wurde. Er wurde indes nicht nur ermordet, weil er mit einem Gegner des Königs sympathisierte, sondern auch, weil er sich offen und erbittert gegen die Unterwerfung Islands durch die norwegische Krone gewendet hatte. Dieses, wie Simek sagt, „Eintreten für die isländ. Unabhängigkeit [wurde ihm] zum Verhängnis".[175] Der große Dichter, Gelehrte und Politiker Snorri fand also ein grausames Ende und damit wollen wir es mit der Biographie belassen und uns Snorris literarischen Werken zuwenden.

Zuerst wollen wir uns nun einen veritablen Überblick über das Werk des Snorri Sturluson verschaffen, das allgemein als Snorra-*Edda* bezeichnet wird. Was ist die Snorra-*Edda*, wann wurde sie geschrieben, um was geht es und welche Texte beinhaltet sie? Dies sind einige der Fragen, um die es im Folgenden zu gehen hat. Snorri betitelte sein skaldisches Lehrbuch zur Zeit der Abfassung einfach als *Edda*, nicht zur Selbstreferenz als Snorra-*Edda* oder zur Erläuterung der poetischen Form als Prosa-*Edda*. Jüngere *Edda*, wie einige sie zu nennen pflegen, nannte er sie schon einmal überhaupt nicht, da zu Beginn des 13. Jahrhunderts von einem Textkorpus, der dem entsprechend als Ältere *Edda* hätte bezeichnet werden müssen, noch nicht die Rede gewesen sein konnte. Die heute übliche Bezeichnung Snorra-*Edda* ist ein Label der altnordischen Philologie und dient nur zur Unterscheidung von Snorris Werk und der Liederkompilation, die wir heute als Lieder-*Edda* bezeichnen und auf die wir oben ausführlich eingegangen sind. Primär hat Snorri seine *Edda*, die irgendwann in den 20er Jahren des 13. Jahrhunderts aufgeschrieben wurde, als dichtungstheoretisches Lehrwerk konstruiert. Mit der *Edda* verfolgte Snorri vor allem didaktische Ziele, da er sein Werk primär und spezifisch für junge Skalden verfasste, die durch ihn ihr Handwerk lernen sollten. Er legt ganz eindeutig die dichterischen Techniken dar, die die altnordische skaldische Literatur prägen und beschreibt detailliert die skaldischen metrischen Formen. Auf die konkreten Texte werden wir später in diesem Kapitel noch genauer eingehen. Ein wesentlicher Zug der Snorra-*Edda* ist aber auch, dass sie *bewahrenden* Charakter hat: Im 13. Jahrhundert hatte sich das Christentum auf Island bereits voll entfaltet, und die Besetzung durch den christlichen norwegischen König stand kurz bevor. In diesen Tagen schrieb Snorri mit der *Edda* nicht nur ein Lehrbuch, sondern auch ein Geschichtsbuch, dass durch seinen Inhalt eine alte Kultur bewahren sollte. Eine nachvollziehbare Erläuterung – wenn auch teilweise aus einer christlich-verengten Perspektive – von Snorris Standpunkt liefert Arthur Häny:

> „Nicht als ob Snorri selber an diese Gestalten [die altnordischen Götter, Feen, Geister, Riesen etc.; Anmerk. d. Verf.] geglaubt hätte; er bekennt sich im ‚Prolog' und an einer wichtigen Stelle des ‚Skáldskaparmál' ausdrücklich zum Christentum. Ich sehe auch gar keinen Grund, dieses Bekenntnis anzuzweifeln. Zwar herrschte im Hochmittelalter die katholische Kirche vor und suchte alle Bildung in ihre Bahnen zu lenken. Daß Snorri aber sein Bekenntnis nur aus Opportunismus abgelegt haben sollte, glaube ich nicht. Das sind doch ohnehin keine Götter, an die man *glaubt*! Die Erzählungen sind oft witzig, verblüffend derb – und immer unterhaltsam; solche Götter machen wohl Spaß, aber sie sind denn doch allzu menschlich, um Mittelpunkt des Glaubens zu sein. Snorris Engagement war nicht das eines heimlichen Heiden; es war das eines Gelehrten und Dichters. Er hat ja auch diese Geschichten nicht erfunden, er hat sie aus alten Überlieferungen ‚zusammengestellt', wie es am

> Anfang des Codex Upsaliensis heißt. Es waren Geschichten aus der Welt seiner Ahnen; er wollte die altgermanischen Traditionen in einer christlichen Epoche dem drohenden Vergessen entreißen. Und überdies lag ihm daran, angehende Skalden über die mythologischen Grundlagen der Skaldik zu orientieren."[176]

Aus Angst, dass grundsätzliche Kenntnisse der altnordischen Dichtkunst und Götterkunde durch eine neue, übermächtige und völlig disparate Kultur verloren gehen könnte, lies Snorri in sein Skaldenhandbuch eben diese beiden Intentionen einfließen. Deshalb besteht die Snorra-*Edda nicht nur* aus dichtungstheoretischen Texten, sondern auch aus solchen, die *einzig* den Zweck haben, heidnische Mythologie darzustellen und zu erläutern. Diese Strophen leiten quasi in den Hauptteil, das Dichtungslehrbuch, über, da nach Snorris Meinung altnordische Mythologie und die skaldischen metrischen Formen miteinander verknüpft waren. Wir können auch davon ausgehen, dass Snorri viele Aspekte und Charakteristika der alten Götter aus den Texten gezogen hat, die unter dem Namen Lieder-*Edda* zusammengefasst worden sind. Die Snorra-*Edda* ist uns in vier Handschriften erhalten geblieben; leider stammt keine davon von Snorri selbst, so dass nicht sicher beurteilt werden kann, ob alle Strophen wirklich von ihm verfasst wurden oder später hinzugefügt wurden. Die älteste Handschrift ist der Codex Upsaliensis, der um 1300 entstanden ist; der Codex Regius stammt aus dem Jahr 1325; in der Mitte des 14. Jahrhunderts wird der Codex Wormianus angelegt; die späteste Handschrift stammt aus dem 16. Jahrhundert und wird unter dem Namen Codex Trajectinus geführt.

Die Snorra-*Edda* gliedert sich in insgesamt fünf Textkörper, nämlich 1) den *Prolog* der Snorra-*Edda*, 2) die *Gylfaginning*, 3) die *Skáldkaparmál*, 4) das *Háttatál* und 5) das *Skáldatál*. Aus diesen Textabschnitten kristallisieren sich dann wiederum drei große und bedeutungsschwere Hauptteile heraus, die wir im Folgenden einer genaueren Überprüfung unterziehen müssen. Den *Prolog* und das *Skáldatál*, eine Aufzählung aller Snorri bekannten Skalden, nehmen wir in Ermangelung von Relevanz und Platz heraus. Beginnen wir textchronologisch mit der *Gylfaginning*. *Gylfaginning* heißt auf neuhochdeutsch so viel wie „Gylfis Täuschung" und ist ein Hauptteil der *Edda* des Snorri Sturluson. Die Geschichte handelt vom legendenhaften Gylfi, dem König der Schweden, der von der „Ankunft der „Asen" in Skandinavien erfährt".[177] Gylfis Haupteigenschaft ist eine unbändige Neugier, die ihn antreibt, seinen Königssitz zu verlassen und die Götter zu besuchen. Er selbst ist ein äußerst gelehrter und zauberkundiger Mann, und er strebt an, weiteres mythologisches und kosmologisches Wissen von den Heidengöttern zu erlangen. Auf seiner Suche nach den alten Göttern findet er eine große Burg, auf der drei Unbekannte, „die sich ‚Hoch', ‚Gleichheit' und ‚der Dritte' nennen",[178] mit ihm einen Dialog in Form eines Frage-Antwort-Spiels beginnen. Diese Frage-Antwort-Spiele sind ja aus verschiedenen Götterliedern der Lieder-*Edda* bestens bekannt, und – man denke beispielsweise an das *Vafþrúdnismál* oder das *Alvísmál* – nicht immer gehen diesen verbalen Wissensspielchen für den Verlierer glimpflich aus. Auch in der *Gylfaginning* lautet das Verdikt „Tod dem Verlierer!", und dies wird von Snorri schon früh eindeutig festgestellt: „Hoch entgegnet [Gylfi; Anmerl. d. Verf.], er komme aber nicht heil davon, wenn er selber nicht der Weisere sei".[179] Gylfis Schicksal, sollte er die drei Unbekannten, von denen Snorri am Schluss sagt, sie seien gar keine ‚echten' Asen gewesen, da diese alle anderswo leben, nämlich „im Raume des Mythos“[180], scheint damit vorbestimmt. Interessant ist aber besonders, dass nirgends vom Einsatz von Hoch, Gleichheit und dem Dritten berichtet wird. Es heißt in Hänys Zusammenfassung nur, dass, wenn Gylfi den drei Gestalten „Fragen stellen [könne], auf die sie ihm die Antwort schuldig [blieben], [habe] er das Spiel gewonnen“.[181] Auf den Punkt gebracht würden die Regeln des Spiels so lauten: Gewinnt der König die Wissensschlacht, hat er gewonnen; verliert er aber, kostet es ihn das Leben. Gylfi stellt den Unbekannten nun Fragen über die heidnische Mythologie, welche diese – in Anlehnung Snorris an die Vision der Völva in der *Völuspá* – detailliert beantworten. Gylfi fragt nach

> „allem und jedem, was denkende Menschen schon immer beschäftigt hat: nach der Erschaffung der Welt, dem Wechsel der Zeiten, dem Lauf der Himmelskörper; er fragt nach den Göttern und all ihrem Tun und Treiben; von den Riesen berichtet man ihm, von der mächtigen Weltesche Yggdrasil – und schließlich auch von der ‚Götterdämmerung‘, dem Ende der Welt“.[182]

Die Darstellung beginnt mit der Schöpfung der Welt und aller Kreaturen, verkündet allerhand mythologische Motive und Geschichten, bietet eine ätiologische[183] Welterklärung und endet schließlich mit dem Untergang der Welt im Ragnarök. Der Text erscheint auf den ersten Blick als bloße, allgemeine Didaxe, erfüllt aber, folgt man Simek und Pálsson, viel wichtigere Zwecke:

> „Eigentlicher Inhalt dieses didakt. Dialogs ist ein Abriß der heidn. german. Mythologie und Kosmologie, der

> wohl von Snorri als Einführung für Skalden gedacht war, um die in den Skaldenkenningar vorkommenden mytholog. Konzepte verständlich zu machen."[184]

Snorri geht es allein um das mythologische ‚Reservoir', aus dem die Skalden die Stoffe, Hintergründe und Motive für ihre Kunst ziehen; es ist kein Lehrbuch zur Metrik oder Form der Skaldendichtung. Die *Gylfaginning* steht in der Snorra-*Edda* als umfassende altnordische Mythologie da, die, ich wies oben darauf hin, in Anlehnung an die mythologischen Texte der Lieder-*Edda* als Quelle des altnordischen Glaubens fungiert. Interessant ist der Umstand, dass Snorri die heidnische Glaubens- und Götterkultur ganz unvoreingenommen und wirklich neutral und objektiv darstellt: Ohne moralische Kommentierungen oder kritische Bemerkungen aus der Sicht eines Christen liefert uns Snorri ein detailliertes mythologisches und kosmologisches ‚Lexikon'. Neben den Texten der Lieder-*Edda* hat Snorri sehr wahrscheinlich noch andere Quellen genutzt; das werden auf der einen Seite heute verlorene schriftliche Quellen, auf der anderen Seite aber möglicherweise auch viele mündliche Überlieferungen gewesen sein, die in seine *Gylfaginning* eingeflossen sind. Die bedeutsame und interessante Frage, inwieweit Snorri als kreativer Kopf am ‚Projekt *Gylfaginning*' beteiligt war, der selber Fiktion dichtete, muss leider aus Mangel an Erkenntnissen unbeantwortet bleiben. Die Geschichte Gylfis auf der Burg im hohen Norden endet jäh und unerwartet. Die drei Gestalten geben bereitwillig Auskunft auf alle Fragen des Königs, doch dieser gibt sich nicht zufrieden, wahrscheinlich in Anbetracht des angedrohten Todes, sollte er nicht als Fragender über die Unbekannten siegen. Die konstante Fragerei wird den drei Asen „am Ende zu dumm, und sie setzen ihre überlegene Zauberkunst gegen den König ein".[185] Mit einem gemeinsamen Zauberspruch beschwören die drei Donner herbei und verschwinden zusammen mit ihrer Burg. Gylfi bleibt allein in einer weiten Öde im Norden Skandinaviens zurück.[186] Der König ist einer Sinnestäuschung aufgesessen, „man hat ihn überlistet".[187] Neben dem Snorris Geschichte inhärenten didaktischen Anspruch kommt aber auch die Unterhaltung nicht zu kurz: Die drei Gestalten geben nicht einfach kühle und präzise Antworten auf die wissbegierigen Fragen des Königs, sondern bauen ihre Berichte zu „köstlichen Göttergeschichten"[188] aus. Damit steht neben der Lehrhaftigkeit auch der Unterhaltungswert der Geschichte im Vordergrund.

Bevor wir uns daran geben können, zum zweiten Hauptstück der Prosa-*Edda* vorzudringen, müssen wir zwangsläufig einige Worte zu den altisländischen Skalden und ihrer unvergleichlichen Dichtung verlieren. Doch ich will es einigermaßen kurz machen, um nicht allzu weit von Snorris *Edda* abzukommen. Im weitesten Sinne wurden als Skalden alle die Dichter/Literaturschaffenden bezeichnet, „die in gebundener Sprache dichten".[189] „Gebundene Sprache" bedeutet, dass die Dichter ihre Texte mit Hilfe eines bestimmten poetischen Mittels „binden", also zu Einheiten zusammenfügen; als Beispiel wäre ein literarisch-künstlerischer Beitrag in Strophenform zu nennen. Als Skalden im klassischen und engeren Sinne bezeichnen wir aber eher die altnordischen Hofdichter, die auf höchstem artistischem Niveau „kunstvolle höf. Preislieder"[190] dichteten und als *die* relevanten Exponenten der so genannten Skaldendichtung anzusehen sind. Ab dem 11. Jahrhundert sind es stets Isländer, die an allen skandinavischen Höfen als Hofdichter, eben als Skalden, tätig waren. Isländische Skalden genossen in ganz Nordeuropa den Ruf, die hervorragendsten Sänger und Dichter zu sein und auch in Island wurden sie sehr

geschätzt. Die Achtung vor ihnen war so groß, dass sie sogar häufig als Helden von Sagas literarisch verewigt wurden. Skaldendichtung muss eindeutig von eddischer Dichtung unterschieden werden. Skaldische Dichtung ist zu einem wesentlichen Teil an ihre Autoren gebunden und nur äußerst selten anonym, während die eddische Lieddichtung zu keinem Zeitpunkt an einem Namen festgemacht werden konnte bzw. kann. Auch kann eine „formale[.] Unterscheidung“[191] zwischen Skalden- und *Edda*dichtung herangezogen werden. Stilmittel wie zum Beispiel Kenningar – altnordische mehrgliedrige Umschreibungen –, die in der Skaldendichtung als sehr wichtig erscheinen, kommen in der Lieder-*Edda* kaum zum Einsatz, und auch eine absichtlich „‚unnatürliche‘ Wortfolge“,[192] die beinahe untrennbar zur Literatur der Skalden gehört, ist der eddischen Dichtung unbekannt.
Wenden wir uns nun dem *Skáldkaparmál* zu, das ich, Simek und Pálsson folgend, mit „Lehre von der Dichtersprache“[193] übersetzen möchte. Das *Skáldkaparmál* baut unzweifelhaft auf der *Gylfaginning* auf, denn, wie ich oben bereits zitiert habe, soll der mythologische Inhalt der *Gylfaginning* jungen Skalden die in den „Skaldenkenningar vorkommenden mytholog. Konzepte verständlich“[194] machen. In diesem Text geht es Snorri um eine „Poetik der Skaldendichtung“.[195] Eine Poetik meint immer die „Lehre und Wissenschaft von Wesen, Gattungen und Formen der Dichtung sowie den ihnen eigenen Gehalten, Techniken, Strukturen und Darstellungsmitteln“,[196] als Beispiel nenne ich hier die berühmte *Poetik* des Aristoteles.[197] Wichtig ist Snorri vor allem die „Theorie und Praxis der Kenningar, die er an zahlr. Beispielen erklärt, wobei ein ganzes Verzeichnis von poet. Synonymen entsteht“.[198] Jetzt stellt sich die berechtigte Frage, was denn eigentlich genau „Kenningar“ sein sollen? Kenningar, singularisch Kenning, ist ein Stilmittel der skaldischen

Dichtung und wird von Simek und Pálsson definiert als „poet. Umschreibung von Begriffen durch einen meist zwei-, seltener mehrgliedriger Ausdruck, der den Begriff einerseits bewußt verschlüsselt, andererseits in der übl. metaphor. K[enning] auch bildl. charakterisiert."[199] Eine Kenningar ist also eine Art Metapher zu dem Zweck, Abwechslung in die poetischen Texte zu bringen. Ein Beispiel: „Gold" wird mit „Otterbuße"[200] umschrieben, die Geschichte dazu erläutert Snorri.[201] Odin, Loki und Hönir töten einen Otter mit einem Steinwurf. Das Tier entpuppt sich aber nicht als gewöhnlicher Otter, sondern als der Sohn eines zauberkundigen Mannes, der die Asen für den Mord an seinem Sohn büßen lassen will. Letztendlich einigen sich die Parteien darauf, den Tod des Sohnes mit Gold aufzuwiegen, und so kam das Wertmetall Gold zu seinem Kenningar „Otterbuße". Diese Erläuterungen von Kenningar durchziehen den gesamten Text, sie sind das herausragende Merkmal des *Skáldkaparmál*. Snorri liefert aber keine staubtrockene Dichtungstheorie ab, sondern bindet seine Erklärungen gekonnt in „eine Reihe von Geschichten ein, welche die ‚Gylfaginning' erfreulich ergänzen".[202] Die „Lehre von der Dichtersprache" beginnt mit einem Dialog zwischen dem Riesen Ägir und dem Dichtergott Bragi in Form eines neuerlichen Frage-Antwort-Spiels. Das Gespräch verliert sich schließlich in zwei Erzählsträngen – einerseits geht es Snorri um die „Geschichten, die sich um den Dichtermet drehen",[203] andererseits um die „Nibelungen-Sage, die aus dem südlichen Germanien stammt".[204] In diesen Geschichten beschreibt und erläutert der Dichter viele Kenningar. Genauso wichtig wie die Kenningar selbst sind Snorri die *Geschichten hinter* den Kenningar, die den Lesern/Zuhörern schildern sollen, woher die poetischen Umschreibungen eigentlich kommen. Snorris Poetik ist also ‚durchtränkt von Didaxe', ganz gleich, auf welchem Wege man sich ihr auch immer nähern möchte – selbst die literarische Rahmenhandlung erfüllt einen lehrhaften Zweck. Dadurch, dass die Stilmittel in Form von Geschichten vermittelt werden, hat das *Skáldkaparmál* aber auch einen hohen Unterhaltungswert; gerade auch für diejenigen, die nicht literarhistorisch oder literaturwissenschaftlich in skaldischen Stilmitteln im Speziellen und an einer altisländischen Dichtungstheorie im Allgemeinen interessiert sind. Das Amüsement steht in Snorris *Skáldkaparmál* nicht wirklich im Vordergrund, aber ebenso wenig kommt es zu kurz. Das *Skáldkaparmál* ist auch eine bedeutende schriftliche Quelle der nordischen Mythologie, denn auch in ihr lernen wir viele Göttergeschichten und Begebenheiten kennen, die den germanischen Glauben ausmachen. Damit schlägt die „Lehre von der Dichtersprache“ in die gleiche Kerbe wie „Gylfis Täuschung“, denn Snorri bewahrt auch in seiner Poetik grundlegende Informationen über den alten Glauben.

Kommen wir nun zum dritten Hauptstück der Snorra-*Edda*, dem *Háttatál*. Ich folge bei der Übersetzung des Titels wieder Simek und Pálsson und werde Snorris *Háttatál* im Folgenden auf Deutsch mit „Verzeichnis der Versformen“[205] bezeichnen. Der Titel ist Programm, das *Háttatál* ist eine klassische Verslehre, in der Snorri alle ihm bekannten bzw. alle von ihm als repräsentativ empfundenen altnordischen Versformen darstellt. Als Verslehre oder auch Metrik im allgemeinen Sinne verstehen wir die „Lehre von den Versmaßen, Strophen, im weitesten Sinne auch Reim und Rhythmus als Gliederung der dichter. Sprache“.[206] Verslehren haben eine lange Tradition, sie finden sich in altgriechischer, altrömischer sowie byzantinischer Literatur als Bestandteil der Dichtungstheorien dieser Zeit. In der Literaturwissenschaft unterscheiden wir zwischen systematischer, vergleichender und historischer Metrik, wobei wir Snorris Verslehre als systematische Metrik definieren können: Sie umfasst die „Gliederungsgefüge“[207] lyrischer Dichtung und ihre Ausprägungen und „bestimmt [diese Ausprägungen] nach ihren wesensgemäßen Eigenheiten“.[208] Snorris Gedicht besteht aus 102 selbst verfassten Strophen, in denen er 100 verschiedene Versarten für die skaldische Dichtkunst beschreibt. Laut Simek und Pálsson gliedert sich das *Háttatál* inhaltlich in „drei Teile, von dem der erste (1-30) König Hákon, der zweite (31-67) Jarl Skúli und der dritte ihnen beiden gewidmet ist“.[209] An dieser Aufteilung erkennt man sehr gut, dass das Gedicht eine doppelte Funktion besitzt: Es ist nicht nur Metrik, sondern auch Preislied auf Jarl Skúli und König Hákon von Norwegen. Das *Háttatál* bildet den letzten Teil von Snorris Skaldenlehrbuch und wurde vom Dichter selbst mit einem ausführlichen Kommentar in Prosa versehen, in dem er seine Darlegungen erläutert.

Wenden wir uns an dieser Stelle einem kurzen Vergleich der Edda mit den Merseburger Zaubersprüchen zu, die ganz interessante Parallelen aufweist.

4. Die Edda und die Merseburger Zaubersprüche

Der erste Merseburger Zauberspruch

Eiris sazun idisi sazun hera duoder
suma hapt heptidun suma heri lezidun
suma clubodun umbi cuoniouuidi
insprinc haptbandun inuar uigandun!

Der zweite Merseburger Zauberspruch

Phol ende Uodan uuorun zi holza
du waart demo Balderes uolon sin uuoz birenkit
thu biguol en Sinthgunt Sunna era suister
thu biguol en Friia Uolla era suister
thu biguol en wodan so he uuola conda:
sose benrenki sose bluotrenki
sose lidirenki.
benz i bena bluot zi bluoda

li dzi geliden sose gelimida sin![210]

Und jetzt das gleiche in Neuhochdeutsch ohne Beibehaltung des altgermanischen Metrums:

1. Einst setzten sich die Idisen nieder, setzten sich hierhin und dorthin. Einige fesselten [die Feinde], andere hemmten [das gegnerische] Heer, wieder andere lösten die Fessel [der Kameraden]: Entspringe den Haftbanden, entkomme den Feinden!

2. Phol und Wotan ritten in den Wald. Da verrenkte sich das Pferd Balders einen Fuß. Da besprach ihn Sinthgunt [und] Sunna, ihre Schwester, da besprach ihn Frija [und] Volla, ihre Schwester, da besprach ihn Wodan, so gut wie nur er konnte: Wie die Beinrenke, so die Blutrenke, so die Gliedrenke, Bein zu Bein, Blut zu Blut, Glied an Glied, als ob die zusammengeleimt wären![211]

Um allen Missverständnissen aus dem Weg zu gehen, muss anfangs gleich Folgendes gesagt werden:[212] Es gibt prinzipiell gar keinen direkten Einfluss irgendwelcher eddischer Lieder auf die *Merseburger Zaubersprüche*, denn die altnordischen Texte sind allesamt späteren Datums.[213] Darüber hinaus ist die Entstehung der althochdeutschen Texte überhaupt ungewiss, bekannt ist im Grunde nur das ungefähre Alter durch die Überlieferung der beiden Zaubersprüche: Sie finden sich im Codex 136 der Merseburger Dombibliothek, welcher ein Konvolut aus Teilen von sechs verschiedenen Handschriften ist. Der letzte Teil enthält Reste eines lateinischen Sakramentars aus dem 9. Jahrhundert, auf dessen leerem Vorsatzblatt im 10. Jahrhundert die beiden volkssprachlichen Texte eingetragen wurden. Mit Gewissheit kann man nur sagen, dass die *Merseburger Zaubersprüche* älter sind als ihre Niederschrift in eben diesem Codex, dass sie also *vor* dem Beginn des 10. Jahrhunderts entstanden sein müssen.[214]

Es mag sich nun mancher Leser die (an dieser Stelle wohl begründete) Frage stellen, wieso der Autor dieses Kapitel einfügt, wenn, wie er selber eindringlich sagt, kein direkter Einfluss der Edda auf die altdeutschen Sprüche besteht? Die Antwort ist ebenso einfach, wie sie ernüchternd und banal klingen mag: Man kann trotz des Fehlens einer Einflussnahme eine klare Verbindung zwischen dem nordischen und germanischen Schrifttum feststellen – die Texte korrespondieren untereinander, auch wenn man keine direkte Intertextualität unterstellen kann und darf. Man kann aber ohne weiteres versuchen die Parallelen und inhaltlichen wie weltanschaulichen Gleichheiten zwischen den Zaubersprüchen und bestimmten eddischen Liedern darzulegen. Der Grund für die nachzuweisenden Überschneidungen liegt im allgemein mittel- und nordeuropäischen Wirken des germanischen Heidentums: Viele literarische Texte der alten, heidnisch-archaischen Zeiten basieren auf den gleichen mythologischen Grundlagen, behandeln die gleichen Ereignisse und sind fest in der allgemein-germanischen (also süd- wie nordgermanischen) Weltsicht begründet.[215] Deshalb ist es nur legitim, im Rahmen einer Einführung in einen Teil der alten nordischen Literatur auch auf *grundsätzlich* vergleichbare Texte in der mitteleuropäischen literarischen Tradition einzugehen; vor allem, wenn dabei auch noch die Darstellung eines eddischen Liedes ‚herausspringt'. Man wird also im Zuge dieses

Kapitels auf zwei Wegen mit verwertbaren Informationen bedient.

Der erste Spruch ist ein Lösezauber, der in drei stabreimenden[216] Langzeilen (Gesetz der Dreiheit[217]) eine Situation beschwört, in der Frauen Feinden Fesseln anlegen, das gegnerische Heer hemmen und die vom Gegner gefesselten Mitstreiter befreien, und mündet in der vierten endreimenden Zeile in der eigentlichen Beschwörungsformel *insprinc haptbandun, inuar uigandun.* Der Eingangsteil erzählt hier kein einmaliges mythisches Ereignis, sondern beschwört eine bekannte Situation: Das Anlegen der Fesseln, das Hemmen der Feinde sowie die Befreiung der gefangenen Kameraden gehört zum allgemeinen Tun der Frauen. Von diesen Frauen eben ist der Zauberbefehl (der Lösezauber, siehe oben) gesprochen zu denken. Die weiblichen Gestalten sind Idisen, und über die Bedeutung derselben gehen die Meinungen stark auseinander: Während Felix Genzmer, dem ich ungern widerspreche (und es auch diesmal nicht wage, und es deshalb ohne Bewertung bei der reinen Darstellung seiner These belasse), behauptet, dass *idisi* Schlachtjungfrauen seien, die mit den Walküren Odins gleichgesetzt werden können,[218] glaubt Gerhard Eis,[219] dass die Idisen auf den Matronenkult der Germanen hinweisen:

> „Da es sich um einen Zauberspruch handelt, können die behandelnden Frauen nicht gewöhnliche Sterbliche, nicht irgendwelche Mütter gefangener Krieger sein, sondern sie müssen übermenschliche, göttliche Gestalten sein. Es liegt daher nahe, sie mit den *matres* (*matrae*, Matronen) zusammenzubringen, deren Kult bei den Germanen und Kelten in den Jahrhunderten vor der Christianisierung weit verbreitet war.“[220]

Alle weiblichen Göttergestalten im alten germanischen Glauben seien unter dem Begriff „Idisen“ zusammengefasst, so Eis’ weiter, und unter ihnen bilden die Matronen jene Gruppe, deren Kult am einheitlichsten bezeugt ist; zudem sind sie unter den Idisen zahlenmäßig die größte Gruppe. Während Eis’ These hier noch ein wenig vage und wenig auf den Text bezogen erscheint, erhellen sich seine Ausführungen, wenn er folgendes Folgenreiches feststellt: Die Idisen – oder besser: Matronen – treten niemals einzeln auf, sie erscheinen meist zu dritt (man vergleiche nur den Dreischritt!), und altgermanische Weihesteine lassen sie als Schutzgöttinnen von Kriegern erscheinen, so dass man sie wohl guten Gewissens als Helferinnen von Kriegsgefangenen bezeichnen darf. Dieser Hilfefunktion gehen sie ja auch im Zauberspruch nach, denn während die ersten zwei Idisen (oder Gruppen von Idisen) die Gegner aufhalten und in Fesseln legen, liegt die ganze Kraft des Zauberspruches ja auf der letzten Langzeile, in der die Lösungsformel zur Hilfe der Kameraden gezeichnet wird. Außerdem, so folgert der Altgermanist, sei es wahrscheinlicher, dass die Sorge um einen Gefangenen eher mütterlichen ‚Erbarmerinnen’ als jugendlichen Kampfweibern angelegen ist.[221] Weiterhin führt Eis noch einen sprachlichen Nachweis dafür an, dass Matronen, nicht Walküren gemeint sein müssen. Mehrfach wird in heidnischen Schriften, auf Steinen etc. pp. die Gleichung *itis* = *matrona* verzeichnet. Doch diese sprachlichen Finessen sollen hier nicht weiter von Interesse sein. Eis geht also von einer literarischen Variation des kulturhistorischen Aspekts des germanischen Matronenkultes aus – aber auch dieser liegt in der Mythologie begründet, da, wie bereits mehrmals festgestellt wurde, diese nicht nur reiner Götterglaube, sondern eher eine Weltanschauung ist, in der viele verschiedene Dinge zusammenfließen. Im Kontext dieses Eis’schen Gedankenganges fällt dann auch ein eddisches Lied auf, das zwar offensichtlich ganz anderen Inhaltes ist, aber sonst erstaunliche Gleichförmigkeit mit dem nachgewiesenen altgermanischen Kult aufweist; somit kann auf eine korrespondierende Geisteshaltung und damit auf einen korrespondierenden kulturellen ‚Rückraum' geschlossen werden. Außerdem ist es interessant zu sehen, dass in zwei unterschiedlichen Epochen und unterschiedlichen Sprach-, und ergo auch Literaturräumen, zwei gleichartige Themen auftauchen, die aus einem gemeinsamen Erbe entspringen.

Dieses Lied nun heißt *Svipdagsmál*, zu Deutsch „Lied von Svipdagr". Seit der Mitte des 19. Jahrhunderts, nach dem skandinavischen Forscher Bugge, ist das *Svipdagsmál* der „Name für die beiden zusammengehörigen jungen eddischen Lieder Grógaldr und Fjölsvinnsmál".[222] Beide Texte beschäftigen sich inhaltlich mit der „Brautfahrt des Helden Svipdagr und seiner Braut Menglöð".[223] Das „Lied von Svipdagr" besteht also aus zwei eigenständigen Texten; um die Parallelen zum ersten Zauberspruch der Merseburger Überlieferung festzustellen, benötigen wir aber das *Fjölsvinnsmál* nicht. Deswegen werde ich auf dieses Lied nicht ausführlich eingehen, sondern nur ganz kurz äußerst allgemein. Zur Überlieferung der Lieder stellt das *Lexikon der altnordischen Literatur* fest, dass die beiden Texte „nicht im Codes Regius der Liederedda"[224] enthalten sind. Das *Grógaldr* ist „Groas Erweckung" oder in anderer Übersetzung das „Zauberlied der Groá", das erst relativ spät, nämlich im 13. oder 14. Jahrhundert, entstanden ist.[225] Im Folgenden nun der Text nach der alten Ausgabe von Karl Simrock:[226]

1
Wache, Groa, erwache, gutes Weib,
Ich wecke dich am Todtenthor.
Gedenkt dir des nicht? Zu deinem Grab
Hast du den Sohn beschieden.

2
Was bekümmert nun mein
einziges Kind?
Welch Unheil ängstet dich,
Daß du die Mutter anrufst, die
in der Erde ruht,
Menschliche Wohnungen
längst verließ?

3
Zu übelm Spiel beschiedst du
mich, Arge:
Die mein Vater umfing
Lud an den Ort mich, den kein
Lebender kennt,
Eine Frau hier zu finden.

4
Lang ist die Wanderung, die
Wege sind lang,
Lang ist der Menschen Verlan-
gen.
Wenn es sich fügt, daß sich
erfüllt dein Wunsch,
So lacht dir günstiges Glück.

5
Heb ein Lied an, das heilsam
ist,
Kräftige, Mutter, dein Kind.
Unterwegs fürcht ich den Un-
tergang,
Allzujung eracht ich mich.

6
So heb ich zuerst an ein heil-
kräftig Lied,
Das Rinda sang der Ran:
Hinter die Schultern wirf was
du beschwerlich wähnst,
Dir selbst vertraue selber.

7
Zum Andern sing ich dir, da du
irren sollst
Auf weiten Wegen wonnelos:
Der Urd Riegel sollen dich
allseits wahren,
Wo du Schändliches siehst.

8
Zum Dritten sing ich dieß,
wenn wo verderblich
Flutende Flüße brausen,
Der reißende, rauschende rinne
dem Abgrund zu,
Vor dir versand er und schwin-
de.

9
Dieß sing ich zum Vierten, so
Feinde dir dräuend
Am Galgenweg begegnen,
Ihnen mangle der Muth, die
Macht sei bei dir
Bis sie zum Frieden sich fügen.

10
Dieß sing ich zum Fünften, so
Feßeln sich dir
Um die Gelenke legen,
Lösende Glut gießt dir mein
Lied um die Glieder,
Der Haft springt von der
Hand,
Von den Füßen die Feßel.

11
Dieß sing ich zum Sechsten, stürmt die See
Wilder als Menschen wißen,
Sturm und Flut faß in den Schlauch,
Daß sie frohe Fahrt gewähren.

12
Dieß sing ich zum Siebenten, wenn dich schaurig umweht
Der Frost auf Felsenhöhen,
Kein Glied verletze dir der grimme Hauch,
Noch soll er die Sehnen dir straff ziehn.

13
Dieß sing ich zum Achten, überfällt dich
Die Nacht auf neblichem Wege,
Nichts desto minder mag dir nicht schaden
Ein getauftes todtes Weib.

14
Zum Neunten sing ich dir, wird dir Noth mit dem Joten,
Dem schwertgeschmückten, zu reden,
Wortes und Witzes sei im bewusten Herzen
Fülle dir und Ueberfluß.

15
Nun fahre getrost der Gefahr entgegen,
Dich mag kein Hinderniss hemmen.
Ich stand auf dem Stein an der Schwelle des Grabs
Und ließ mein Lied dir erklingen.

16
Nimm mit dir, Sohn, der Mutter Worte
Und behalte sie im Herzen:
Heils genug hast du immer
Dieweil mein Wort dir gedenkt.

Das Lied mit seinen 16 Strophen ist im uns bereits bekannten Versmaß der Edda, dem *Ljóðaháttr*, gehalten und erzählt von der Jugend des Helden Svipdagr. Dieser will auf eine Brautfahrt, die akute Gefahr für Leib und Leben bedeuten kann, gehen; um sich zu schützen, benötigt er die Hilfe seiner Mutter, Gróa. Problematischerweise ist Gróa tot, und deshalb muss der jugendliche Protagonist sie aus dem Grabhügel zurück ins Leben beschwören. Seine Mutter lehrt Svipdagr nun verschiedene Zaubersprüche, die ihm in schwerster Gefahr seinen Leib retten sollen. So weit sind noch keine offensichtlichen Parallelen mit unserem Zauberspruch festzustellen, aber dies soll sich nun ändern. Gróa, die Mutter, ist generell mit der germanischen *matrona* gleichzusetzen, die ihrem Sohn, ihrem Schützling, Hilfe in Notzeiten angedeihen lässt. Diese Hilfe besteht in Zaubersprüchen gegen allerlei Arten von Unheil, wie wir dem Lied ohne Probleme entnehmen können. Darunter sind so hilfreiche Sprüchlein wie das Umkehren von Feinde in Freunde (Strophe 9) oder ein ‚Heizungszauber' gegen klirrende Kälte im Gebirge (Strophe 12). Besonders interessant ist aber die Tatsache, dass der fünfte Zauber, den Gróa ihrem Sohn lehrt, mit dem übereinstimmt, was in der Zauberformel im ersten Merseburger Spruch geschieht: Den Gefangenen sollen ihre *haptbandun* abspringen, auf dass sie sich aus ihrer Haft befreien können – und Gróa lehrt ihrem Sohn ebenfalls einen Lösezauber, der ihm im Falle einer Gefangensetzung seine Freiheit wiedergeben kann, damit er seine Brautfahrt fortsetzen kann! Svipdagrs *matrona* erfüllt also die gleiche Aufgabe wie die ‚Mütter' des *ersten Merseburger Zauberspruchs*! Interessant ist aber auch, dass die Zaubersprüche nicht mitgeteilt werden, obwohl es sich bei diesem Gedicht um lehrhafte Wissensdichtung handelt. Eine zufrieden stellende Lösung für diese Fragestellung wurde bis heute noch nicht geliefert; deshalb soll sich jeder Interessierte gerne seine eigenen Gedanken über dieses Problem machen. Der Text ist einfach hervorragend, poetisch wie inhaltlich, doch leider ist unser Platz zu eingeschränkt, um dieses Lied in der gleichen Größenordnung wie die *Völuspá* zu interpretieren. Das *Fjölsvinnsmál* ist ebenfalls ein großartiges junges Gedicht der alten eddischen Literatur. Es ist halbmythologisch und zur eddischen Wissensdichtung zu zählen. In diesem Text, der ja eine Einheit mit dem eben zitierten *Grógaldr* bildet, muss der Held Svipdagr dem Wächter seiner zukünftigen Braut

Menglöð, Fjölsviðr, Rede und Antwort über „mytholog. und halbmytholog. Namen"[227] stehen. Im Unterschied zum anderen Teil des *Svipdagsmál* weist in diesem Lied nichts auf Verbindungen zum Matronenkult hin, und ein Vergleich mit dem altgermanischen Zauberspruch würde einer jeden Grundlage entbehren. Deshalb belasse ich es an dieser Stelle bei meinem kurzen Abriss und breche mein Versprechen der Einleitung und werde das 50 Strophen umfassende *Fjölsvinnsmál* nicht zitieren. Eine Wiedergabe des Liedes würde nur unnötig Platz in Anspruch nehmen, ohne wirklich verwertbare Erkenntnisse zu liefern. Auch wenn, wie ich bereits sagte, das eddische Lied keinen direkten Einfluss auf die germanischen Sprüche ausüben konnte,[228] und eine Rezeption ‚anders herum' (also eine Verwendung des ersten Spruches für die Niederschrift des *Grógaldr*) durch nichts zu belegen ist, so sind die Parallelen, die durch die kulturhistorischen Übereinstimmungen bestehen, nicht zu übersehen oder abzustreiten und lassen ohne weiteres Rückschlüsse über die Bedeutung der Mythologie im gesamtgermanischen Raum zu.

Einleitend zum *zweiten Merseburger Zauberspruch* kann ich nur wiederholen, was ich in meinem Vorwort bereits gesagt habe: Der Zauberspruch soll ganz allgemein in Bezug zur nordischgermanischen Mythologie gesetzt werden, dort liegt eben die Verbindung zum altnordischen Schrifttum. Es gibt kein Lied wie das *Svipdagsmál*, das man für unsere Zwecke verwenden und parallelisieren könnte, und alle textlichen Entsprechungen, die man in diesem Zusammenhang aus der Edda exzerpieren bzw. hervorzaubern würde, wären nichts als haltlose und nicht zu beweisende Spekulationen.

Der *zweite Merseburger Zauberspruch* ist doppelt so umfangreich wie der erste und beschwört in seinem ersten Teil eine mythische Szene, die ich hier ganz unverbindlich erst einmal wiedergeben möchte: Wodan und Phol reiten *zi holza*, dabei verletzt sich Balders Pferd einen Fuß oder ein Bein. Der mythologische Gehalt dieser Szene hängt von der Übersetzung ab, und ich möchte nun kurz die Möglichkeiten, die der Spruch uns modernen Lesern bietet, skizzieren. Hellmut Rosenfeld[229] bietet eine relativ ‚einseitige' Alternative, da sein Ergebnis außer Wodan keine andere Götterfigur zulässt. Rosenfeld liest zu allererst einmal *Phol* als eine Variation (also als Begriffs-, aber nicht Bedeutungsänderung) von *uolon*. Diese althochdeutsche Vokabel steht seiner Auffassung nach *nicht* für das Wort ‚Füllen' (altertümlich für junges Fohlen). *Phol* heißt also einfach Fohlen, und „Fohlen bedeutet durchaus Reitpferd".[230] Jetzt stellt sich für Rosenfeld nur noch die Frage, „von wessen Fohlen in Zeile 2 die Rede ist".[231] Dies ist für ihn einfach zu klären: Indem er den Begriff *Balderes* mit „Herr" übersetzt und feststellt, dass dies damit ‚einfach' *Uodan* (Wodan) variiere, kommt er zu dem Ergebnis, dass mit *Phol* und *demo Balderes* wohl Wodans achtbeiniges Pferd Sleipnir gemeint sein muss. Felix Genzmer[232] hingegen meint, dass *Phol* das männliche Gegenstück zu *Volla* darstelle, damit aber nur eine andere Bezeichnung des Gottes Balder, den er im *Balderes* zu erkennen meint, darstelle. Seine Deutung lässt zwar mehr mythologischen Spielraum, liefert aber keine wenigstens halbwegs befriedigende Lösung der textlichen Probleme. Die größten Chancen, seine mythologischen Bedürfnisse zu befriedigen, hat man, wenn man nach der Übersetzung von Schlosser vorgeht und dann ‚einfach einmal wild über die verschiedenen angebotenen Göttergestalten spekuliert'. Wer oder was ist *Phol*? Welche Rolle spielt der Gott Balder? Wie man sieht, bleibt die genaue Bedeutung des Textes trotz des Durchspielens vieler Möglichkeiten im Dunkeln, und deshalb will ich es auch hierbei bewenden lassen. Eine neuere Textinterpretation, der ich mich aber keinesfalls anschließen möchte, geht von einem christianisierten Zauberspruch aus. In einem anderen althochdeutschen Pferdesegen – der zweite Merseburger Zauberspruch ist ja auch ein Pferdesegen – reitet Jesus mit dem heiligen Stephan nach Damaskus. Dabei befällt Stephans Tier eine Krankheit, wohl ein lahmender Fuß. Diesen heilt Jesus, der selber auf einem Pferd unterwegs ist. Dies gleicht Wodan in unserem Spruch, und nun gehen einige Forscher davon aus, dass Wodan und die übrigen mythologischen Aspekte eins zu eins durch christliche auswechselbar sind, dass also der *zweite Merseburger Zauberspruch* nicht genuin heidnisch ist. Wahrscheinlich ist, dass er „erst nachträglich ins Heidnisch-Germanische kontrafiziert worden“[233] ist.

Mit dem Brechen des Pferdebeines endet auch schon der epische Teil, und die Zauberformel, die den Spruch eigentlich ausmacht, setzt ein. Im magischen Dreischritt (siehe oben) besprechen Sinthgunt und Freia das Tier, aber nur Wodan weiß es zu heilen. Diese Zauberformel analysiert Felix Genzmer so hervorragend, dass es beinahe ein wissenschaftliches Vergehen wäre, seine Beobachtungen hier im Original vorzuenthalten.

> „Wie den ersten Merseburger Zauberspruch beherrscht auch den zweiten der Gleichlauf. Zu ihm gesellt sich das Gesetz der Dreiheit: dreimal wird gezaubert; dreifacher Anlauf, der die drei Wirkungen der Verrenkung – auf Knochen, Adern und Glieder – in den magischen Kreis ruft, führt zum dreigliedrigen Zauberbefehl. Der Gott, der den dritten, den entscheidenden Zauber übt, und die dritte, abschließende Wirkung, das Wiedereinfügen ins Gelenk, bekommen auch der Form nach das Achtergewicht: statt einer Kurzzeile, wie die übrigen, werden sie mit einer Langzeile bedacht. Das Ganze durchzieht etwas Mächtiges, Tragendes. Von den ganz

> schlicht ansetzenden Eingangszeilen an steigern sich Kraft und Spannung unaufhörlich, bis sie in dem Zauberbefehl ihr Höchstmaß erreichen. Form und Inhalt sind innig verschmolzen. Der erste, epische Teil zeigt das epische Langzeilenmaß: Satz und Langzeile [aus zwei unselbständigen, eine Einheit bildenden Kurzversen bestehender, meist viertaktiger Vers als syntaktische und inhaltliche Einheit der germanischen Stabreimdichtung; Anmerk. d. Verf.] decken sich ausnahmslos. Im zweiten Teil, der die eigentliche Zauberformel enthält, wechseln, wie in den Vermaßen der nordischen Spruchdichtung, Langzeilen und selbständige Kurzzeilen; und der Satzbau folgt der Kurzzeile."[234]

Dem epischen Teil des Spruches liegt, so Genzmer, eine kleine mythische Erzählung zu Grunde: Wie in der Edda zur Esche Yggdrasil reitet die Götterschar hier in den Wald; aus welchem Grunde wird nicht ersichtlich. Genzmer geht aber davon aus, dass sie zum Göttertreffen, zum *Thing*, reiten. Der Einfluss der Edda, wenn man es denn Einfluss nennen mag, wird auch hier wieder nicht über ein oder mehrere Lieder direkt klar – denn die von Genzmer festgestellte „mythische Erzählung" gehört ja nicht exklusiv zur Edda, sondern allgemein zur Mythologie –, sondern über das Wirken der Mythologie und der daraus resultierenden Abhängigkeit verschiedener fester Geschehnisse – hier ist es ein Ausritt einiger Götter (welcher, soll nun egal sein!). Die Korrespondenz zwischen dem mittel- und nordgermanischen Schrifttum durch die Übereinstimmung in der Geisteshaltung und der Adaption eben dieser in literarischen Texten wird also wieder offensichtlich. So, wie sich im ersten Spruch Verbindungen zwischen der Edda und den Zaubersprüchen *speziell* über den kulturhistorischen Aspekt des Matronenkultes herstellen ließen, bestehen die Überschneidungen hier ganz *generell* im Bereich des alten Götterglaubens und der darin inhärenten Begebenheiten.

5. Die Edda in der Rezeption der Moderne

Die altisländische Götter- und Heldendichtung ist nicht vergessen. Universitär, wissenschaftlich mag das Interesse langsam nachlassen, weil die Texte des anonymen Redaktors der Lieder-Edda genauso wie jene des großen Snorri Sturluson umfassend behandelt worden sind und neue Themen schwer zu finden sind. Dafür wächst die Rezeption der Edda im Ganzen in der Unterhaltungskultur der Moderne. Vor allem die Musik und die Literatur hat sich gerne und in einem breiten Maße der ‚Ausschlachtung' der Edda angenommen. Ob Richard Wagner, John Ronald Reuel Tolkien oder die Bands Taunusheim und Adorned Brood – alle nutzen die Edda für ihr Kunstschaffen, und die alten Lieder sind ganz sicher eine bedeutende Inspirationsquelle für die oben genannten Künstler.[235] Es ist wichtig zu verstehen, dass es mir nicht darum geht, auf den Einfluss altgermanischer Mythologie auf Kunst und Kunstschaffen in der heutigen Zeit einzugehen. Dies wäre überhaupt nicht darstellbar, denn Anklänge an die germanische Götterwelt und ihre Symbole finden sich auf jedem Mittelaltermarkt, in fast jedem Fantasy-Roman und vielen Filmen, die sich mit der Zeit zwischen der Antike und dem christianisierten Mittelalter beschäftigen. Besonders hat sich der Heavy Metal der germanischen Mythologie angenommen. So ist es schwer, in bestimmten Formen des Heavy Metal – ich spreche von Viking-, Pagan-, Folk- und zum Teil auch Power- bzw. Fantasy-Metal – *keine* Bezüge zur germanischen Mythologie mit ihren mythologischen Schlachten und göttlichen Heldenfiguren zu finden. Selbst die unverständlicherweise seit über 25 Jahren allgegenwärtige Altherren-Metal-Band Manowar, ein Synonym für musikalische und menschliche Peinlichkeit, hat den alten Götterhimmel für sich entdeckt. So bezeichnen sich die vier Herren beispielsweise als „sons of Odin". Ich will mit diesem Beispiel nur zeigen, wie unmöglich es ist, konkret und ergebnisorientiert germanische Mythologie in der Unterhaltungskultur der Moderne zu analysieren. Mit der Edda verhält es sich anders: Dort verlangt es nach einer mindestens grundsätzlichen Beschäftigung mit den Texten, nach einem Umgang mit der altnordischen Literatur; bei der Rezeption von reiner Mythologie reicht es, Namen wiederzugeben, ohne zu wissen, was sie bedeuten.

Beginnen wir mit der Literatur. Ausgewählt habe ich für diesen Abschnitt den großen J. R. R. Tolkien, der mit seinem Epos *The Lord of the Rings*[236] das bedeutendste Buch des 20. Jahrhunderts sowie das beliebteste Buch der Deutschen geschrieben hat. *The Lord of the Rings* ist aber nicht die Schrift, mit der wir uns hier beschäftigen wollen. Vielmehr will ich exemplarisch für die Nutzung der Edda durch Tolkien auf den Text *The Silmarillion*[237] eingehen, denn dort wird unter anderem etwas abgebildet, was wir im vierten Kapitel bei der Textlesung bereits kennen gelernt haben. *The Silmarillion* handelt von der Erschaffung Mittelerdes sowie den Geschehnissen dort und im Land der Götter in den ersten beiden Zeitaltern Mittelerdes. Die Handlung des *Silmarillion* spielt also lange vor der des *Lord of the Rings*, bedingt diese aber, denn alles, was in der Geschichte von den Silmarili (so heißen die Edelsteine, die der Elb Feanor, Sohn des elbischen Hochkönigs Finwe, geschmiedet hat und in welchen das Licht zweier göttlicher Bäume gespeichert ist) geschieht, hat direkten Einfluss auf die Entwicklung im dritten Zeitalter Mittelerdes, wenn *The Lord of the Rings* spielt. Anklänge an die germanische Mythologie, ich habe es oben bereits für die Musik formuliert, finden sich allenthalben. Vor allem Tolkiens Zwerge haben ihren ursprünglichen Platz in der altgermanischen Welt, und ganz besonderer Beliebtheit als Quelle für Tolkiens Dichtung erfreute sich das eddische *Dvergatál*, das wir aus der *Völuspá* kennen. Dort, ich wiederhole, spricht der Dichter des Liedes von der Erschaffung der Zwerge und stellt in langen Strophen Namensketten der Väter und einiger Angehöriger des Zwergenvolkes dar. Dabei fallen Namen wie Durin, Dwalin, Thorin, Thrain, Fili, Kili, Fundin und Gandalf; alles Namen, die uns auch von Tolkien bekannt vorkommen. Auf diesen Punkt weist auch Oliver Daniel Bidlo hin, der in seinem Debüt über Tolkien versucht, den „Mythos Mittelerde" anhand einer ausgedehnten Quellenstudie zu entschlüsseln:

> „Denn die Namen aller Zwerge [in *Der kleine Hobbit*; Anmerk. d. Verf.] entstammen einer Liste aus der *Edda*, die als *Dvergatal* bezeichnet wird. Aber auch andere Namen aus dieser Liste hat Tolkien verwendet. So zum Beispiel Dain, Thrór oder Thrain, Thorins Vater. Vor allem nutzte er auch den Namen Durin (auch Durinn) der mächtigste der Erdzwerge und von besonderer Kunstfertigkeit. Aber einen Zwergennamen aus der *Edda* hat sich Tolkien für jemand anderen aufbewahrt. Es ist Gandalf der Zauberer. In dem Eddalied Völuspá heißt ein Zwerg Gandálfr, was auf nordisch soviel bedeutet wie ‚der zauberkundige Albe'".[238]

Doch sind nicht nur die Namen interessant. Auch Tolkiens *The Silmarillion* spricht von einem Schöpfungsakt, genauso wie es die Edda tut. Dabei besteht zwar ein Unterschied in der Vorgehensweise, denn während in der *Völuspá* die Zwerge aus „Brimirs Blut / aus Blains Bein" (*Völuspá*, Strophe 9) geschaffen werden, ‚kreiert' bei Tolkien der Gott des Handwerks und der Kunstfertigkeit, Aule, sie aus dem Nichts. Dennoch sind die Parallelen greifbar. In der Edda sind die Zwerge die ersten Lebewesen, sie kommen vor den Menschen; die Elben finden in der altgermanischen Genesis überhaupt keine Erwähnung. Damit sind die Zwerge also direkte Abkömmlinge der Götter, sie werden direkt geschaffen, um den Platz der ersten Wesen unter den Göttern einzunehmen. Auch bei Tolkien sind die Zwerge die ersten Wesen, die nach den Göttern und den Engeln, also nach den himmlischen Kreaturen als quasi Humanoide, geschaffen werden. Auch werden die Zwerge direkt erschaffen, also im Sinne von ‚durch Handarbeit gemacht', sie erwachen nicht einfach wie zum Beispiel die Menschen. Der Götterschmied Aule erschafft die Zwerge im Geheimen, weil er „greatly [...] desired the coming of the Children, to have learners to whom he could teach his lore and his craft".[239] Damit sind auch in Tolkiens *The Silmarillion* die Zwerge die ersten Lebewesen, und wie in der Edda wurden sie direkt von den Göttern bzw. einem einzelnen Gott erschaffen. Doch Tolkien verlässt an dieser Stelle den Pfad der altnordischen Götterlieder: Die "Children" sollten die Elben sein, die der oberste Gott Illúvatar als seine Erstgeborenen auf Mittelerde wandeln sehen wollte. Deshalb müssen die Zwerge, so Illúvatars Befehl, so lange schlafen, bis die Elben ihren vorgesehenen Platz als erste Wesen nach den himmlischen Scharen eingenommen haben. Die Elben als Zweite werden aber nicht erschaffen, sondern erwachen – genau wie die Menschen als Zweite in der *Völuspá*. Das hängt aber nicht mit einer Aversion Tolkiens gegen Zwerge zusammen, sondern mit dem bestimmenden Thema seiner gesamten Dichtung: Unsterblichkeit und dem Streben danach. Wir sehen also, dass sich die Erschaffung der Zwerge, ihre Rolle und ihre Namensgebung bei Tolkien und der Edda in ihrer poetischen Struktur extrem ähneln. Diese Stelle soll nur als übergeordnetes Exemplum dienen; es gibt mehr Vergleichsmöglichkeiten als diese, die auf eine bewusste Rezeption der Edda für Tolkiens Schaffen hindeuten. Der Befund ist somit klar: Es besteht eine enge Verbindung zwischen den Schriften J. R. R. Tolkiens und der Edda. Bei dieser Feststellung dürfen wir es aber nicht belassen, wir müssen uns eher fragen, *warum* diese Rezeption zu Stande gekommen ist und was sie für das Werk Tolkiens bedeutet. Müssen wir vielleicht davon ausgehen, dass Tolkien die Edda nur aus dem Antrieb heraus rezipiert hat, dort Aspekte, Themen und Namen zu finden, die sich so zu sagen als ‚Raubgut' gestalterisch schlüssig in seine Mittelerde-Mythologie, in seine „secondary world"[240] einfügen lassen? Wohl kaum. Ich gehe eher davon aus, dass der Altphilologe und herausragende Kenner nordischer Mythen Tolkien gezielt auf diese eddischen Themen zurückgegriffen hat, um damit seine (private und wissenschaftliche) Verbundenheit zur Geistes- und Kulturgeschichte der Germanen zum Ausdruck zu bringen. Tolkien verarbeitet mit der Rezeption der Edda eine Vielzahl von Aspekten, die ihm wichtig sind. Er schafft es, sein professionell-professorales und natürlich auch privates Interesse an alter Literatur und Mythologie eben durch die fiktive Verarbeitung eddischer Aspekte zu belegen und zu postulieren. Die Edda als literarische Verarbeitung der nordischen Mythologie, man kann es nicht anders formulieren, zieht sich wie ein roter Faden durch das Leben J. R. R. Tolkiens, und damit erklärt sich ihre Rezeption.

Befassen wir uns nun mit dem allgegenwärtigen Richard Wagner. Wagner hat sich nicht gescheut, bereits im 19. Jahrhundert, als die Beschäftigung mit der Edda gerade erst begonnen hat, auf diese zurückzugreifen und für sein musikalisches Bühnenwerk zu verwerten.[241] Starten wir unsere Erforschung Wagners mit einem plakativen Zitat:

> „Durch Richard Wagners Tetralogie *Der Ring des Nibelungen* ist eine Fülle von Stoffen, Motiven und auch formalen Eigenheiten der altnordischen Literatur in das Bildungsgut vergleichsweise breiter bürgerlicher Schichten eingegangen. Gleichzeitig ist die Rezeption vor allem der Mythologie des Nordens im deutschen Sprachraum (und darüber hinaus) durch den Ring nicht nur in bestimmte Bahnen gelenkt worden; man kann sogar behaupten, daß die Interpretation der eddischen Mythen, die das Musikdrama auf einer seiner Bedeutungsebenen anbietet, die originäre Mythologie der beiden Edden im Bewußtsein des kulturell interessierten Nicht-Nordisten weitgehend verdrängt hat."[242]

Klaus Böldl stellt klar fest, dass Wagners berühmte Oper *Der Ring des Nibelungen* mit ihren über 14 Stunden Spielzeit und unendlich komplexen musikalischen Feinheiten nicht gerade eine seichte Freizeitunterhaltung mit Aspekten der nordischen Literatur angereichert ist und dass Wagner dadurch, eben als Ergebnis seiner Rezeption, die Beschäftigung bzw. das Verständnis der Mythen der Lieder- und der Prosa-Edda nachhaltig bestimmt hat. Damit muss ihm eine Schlüsselrolle für das Verständnis der altgermanischen Mythologie zugewiesen werden; diese, so verstehe ich die Konjektion von Böldl, wäre anders gewesen, hätte Wagner die Mythologie des hohen Nordens nicht auf das von ihm so geschätzte „Schlagwort der *Götterdämmerung*"[243] reduziert. Damit haben wir ein Ergebnis auf die Frage, was Wagners Edda-Rezeption bewirkt hat; die Frage, *warum* er die Edda für sein Schaffen benutzt hat, ist indes damit nicht beantwortet. Hier ist nicht Zeit und Ort, en detail allen Spuren von eddischen Texten in Wagners *Ring*-Tetralogie nachzugehen. Ganz kurz ist nur zu erwähnen, dass die *Völuspá* derjenige eddische Text ist, der den meisten Einfluss auf die Entstehung von Wagners Tetralogie hatte. Vielmehr will ich den Einfluss der Edda auf Wagner kurz darlegen, bevor ich dann zur Antwort auf das „Warum" kommen kann. Richard Wagner beschäftigte sich im Rahmen der national-romantischen Germanenbegeisterung tiefer gehend mit der „deutschen Heldensage",[244] die ihn nach eigenen Aussagen fesselte. Durch die deutschen Heldensagen kam er schließlich zur Edda, von deren „urheimischen Innigkeit"[245] er restlos begeistert war. Klaus Böldl nun schließt aus weiteren Quellen von und über Wagner auf den Grund, also das „Warum", der Rezeption: Böldl stellt fest, dass Wagner in der mythologischen Überlieferung „Bruchstücke einer untergegangenen Welt"[246] sah. Aus eben diesen Fragmenten, so nahm sich Wagner vor, wollte er einen „neuen Mythos auf der Grundlage vereinzelter Sagen und Motive[n] kreieren".[247] Böldl, auf den ich in diesem Zusammenhang zurückgreife, fasst die Motivation Wagners, sich der Edda zu bemächtigen, bzw. die Bedeutung der Edda für das musikalische Werk Wagners wie folgt zusammen:

> „Die Interpretation der eddischen Texte als mehr oder minder zufällige ‚survivals' eines ehemals komplexen und in sich geschlossenen philosophisch-religiösen Systems, das aufs engste mit der indischen Weisheit zusammenhing [...], bildet den wissenschaftsgeschichtlichen Hintergrund für Wagners künstlerische Auffassung des für den *Ring* relevanten Stoffes."[248]

Durch persönliche Vorlieben und den national-romantischen Einfluss des frühen 19. Jahrhunderts kam Wagner also dazu, sich mit der Edda zu beschäftigen, und der fragmentarische Charakter der eddischen Texte, die er noch dazu mit der „indischen Weisheit“[249] in Verbindung brachte, motivierten Wagner zur Rezeption der Edda. Während man bei Tolkiens Fiktion nicht urteilen kann, ob *The Silmarillion*, *The Hobbit* oder *The Lord of the Rings* nicht auch ohne den Einfluss der Edda in dem uns überlieferten Rahmen stattgefunden hätten, müssen wir bei Wagners *Der Ring des Nibelungen* wirklich zwingend davon ausgehen, dass er ohne die Edda nicht zustande gekommen wäre. Damit haben wir den Grund die Rezeption durch Wagner deutlich formuliert: Er konnte seine Tetralogie nur auf der Basis der Edda und der dort aus seiner Sicht fragmentarisch erhaltenen Mythen aufbauen, und ohne die Edda hätte er den philosophisch-ideologisch-künstlerischen Anspruch an sein Werk nie erfüllen können. Die Edda ist damit von höchster Relevanz für Wagner und sein Hauptwerk.

Bleiben wir in der Musik, wenden uns aber nun einer Stilrichtung des Heavy Metals zu, die sich Pagan oder auch Teutonic Metal nennt und zusätzlich zu ihren heidnisch-paganen Motiven oftmals noch Elemente aus Viking und Folk Metal vereint. Die deutsche Band Taunusheim zitiert als Einleitung zu ihrem Lied „Nebelkämpfe“[250] drei Strophen aus „Die Weissagung der Seherin“. Die Strophen 22-24, welche von der Keyboarderin und Backgroundsängerin der Band episch erzählt werden, behandeln den Krieg zwischen Asen und Wanen. Diese werden von den drei jungen Künstlern in ihr musikalisches Werk eingebunden.[251] Die Wahl der Textpassage traf die Band nicht zufällig, denn sie hatte den Anspruch, in ihrem „Nebelkämpfe“ inhaltlich auf das Ende der Ära des Götterpantheons unter Odins Herrschaft einzugehen. In unserer Textlesung der *Vö-*

luspá haben wir festgestellt, dass der Krieg gegen die Wanen die erste Sünde ist, die über das paradiesische Himmelreich hereinbricht, und damit auch das Ende der Welt der Götter einleitet. Damit passt das Edda-Zitat perfekt in die Konzeption des Liedes hinein. Für Taunusheim stand bei der Wahl der Textstelle auch der ästhetische Aspekt im Vordergrund: Die Passage aus der *Völuspá* wird von der Band als „unbeschreiblich schön" bezeichnet und formuliert, so die Selbstaussage der Musiker, ganz persönliche Gefühle. Doch nicht nur die „Weissagung der Seherin", sondern die gesamte Edda steht beim Schaffen der Band im Vordergrund; dabei ist sie als Inspiration für neues Songmaterial eher nebensächlich. Der Hauptgrund für die Rezeption der Edda für Taunusheim ist erstens eine persönliche Bindung zum altnordischen Kulturkreis und zweitens ihre Rolle im historischen Kontext. Für Taunusheim zählt vor allem die Wichtigkeit der Edda als Zeugnis einer vorchristlichen Kultur, die bis heute zum Teil unverstanden und immer noch negativ belegt ist. In diesem Zusammenhang grenzen sie sich von der oft verbreiteten Meinung ab, ihre Musik sei Rechtsrock und bedauern den Missbrauch der nordischen Mythologie. Die Musiker wollen mit ihrer persönlichen musikalischen Rezeption darauf hinweisen, dass die altnordische Literatur und eben auch Kultur/Religion nicht nur destruktive Elemente aufweist, sondern auch von Witz und Einfallsreichtum geprägt ist. Mittels ihrer Rezeption hoffen sie, einen Beitrag zum Verständnis altnordischer Kultur zu leisten und gegen die immer noch währende Furcht vor und Unterdrückung der vorchristlichen Kultur anzugehen. Auch die Band Adorned Brood vom linken Niederrhein hat sich der „Weissagung der Seherin" angenommen, sie aber nicht nur ausschnittsweise zitiert, sondern ihr ein ganzes Lied gewidmet.

Adorned Brood verweist mit ihrem Song *Völuspá* erst einmal ganz *allgemein* auf die Bedeutung der Edda und der darin implizierten Mythen für ihr Werk. Diese Feststellung mag jetzt banal klingen, besonders vor dem Hintergrund, dass ich oben auf die weit verbreitete Nutzung von germanischen Mythen hingewiesen habe. Ausgehend aber von der Tatsache, dass das letzte Lied der „Wigand",[252] *Förd Dvalin*, konzeptionell ganz nahe mit dem uns bekannten *Grógaldr* verwandt ist, gewinnt die allgemeine Referenz zur Edda durch den Liedtitel *Völuspá* neue Bedeutung. In *Förd Dvalin* evoziert ein Sänger verschiedene Zaubersprüche, die ihm durch allerlei Unbill helfen können. So singt er beispielsweise davon, Tote zurück ins Leben beschwören zu können oder auch, dass er sich durch Zauber vor Flutwellen schützen kann. Niemand kann leugnen, dass hier klare Parallelen zum „Zauberlied der Groá" deutlich werden. Das Lied, wie sein eddisches Pendant, lebt von den verschiedenen Zaubersprüchen, die mittels einzelner Strophen episch erzählend vorgetragen werden. Genau wie die zauberkundige Groá leitet er die Sprüche/Strophen mit Nummerierungen auf: Während im eddischen *Grógaldr* die Zaubersprüche mit „Dies sing ich dir zum [...]" beginnen, wird diese Wendung bei Adorned Brood umgedichtet in, zum Beispiel, „Ein Drittes kann ich". Die Edda wird von den Niederrheinern also aus zweierlei Gründen rezipiert: Erstens soll auf das Interesse und ihre Wertschätzung dieser in der Geschichte versunkenen Kultur hingewiesen werden, was wir aber als Allgemeinplatz so stehen lassen können; zweitens, und das ist durchaus wichtig, liefert die Edda Konzeptionen und Ideen zur künstlerischen Gestaltung des Werkes! Während die Liedzitation bei Taunusheim eher darauf abzielte, persönliche soziokulturelle und ästhetische Implikationen zu transportieren, müssen wir bei Adorned Brood davon sprechen, dass die Edda das Werk nicht nur *ge-*

danklich, sondern ganz konkret *äußerlich* beeinflusst. Bei Taunusheim wird die Edda für spezifische persönliche Zwecke rezipiert – bei Adorned Brood hingegen wird die Rezeption der altnordischen Textsammlung durch eine direkte musikalische Neukonzeption von Liedern bzw. Aspekten definiert.
Was können wir aus diesen Ergebnissen also schließen? Ganz allgemein müssen wir davon sprechen, dass die Beschäftigung mit der Edda in der Kunst der Moderne zumindest drei verschiedenen Motivationen entsprungen ist. Der erste Beweggrund ist wohl ein wissenschaftliches bzw. professionelles Interesse an den eddischen Texten. Dies finden wir beim Philologen Tolkien, der seine wissenschaftliche Kenntnis der alten Literatur benutzt, um sie literarisch in sein fiktives Werk einzubinden und dadurch Verbindungen und Referenzen herzustellen. Zusätzlich konnte Tolkien aus der Edda vorzügliche und grundlegende Informationen zur Ausgestaltung seiner Mythologie gewinnen. Ein anderer Grund hat den Komponisten Wagner bewegt, die Edda zu rezipieren. Klaus Böldl hat nachgewiesen, dass die Edda für Wagner essentiell wichtig ist, um seine persönliche philosophische und künstlerische Ideologie und Auffassung, die er mit seiner *Ring-Tetralogie* transportieren wollte, formulieren zu können. Ohne die Edda, ich habe es plakativ oben bereits gesagt, wäre der *Ring* so nicht entstanden. Ebenfalls eine quasi persönliche Motivation finden wir bei Taunusheim. Die Musiker wollen ihre soziokulturellen und kulturwissenschaftlichen Vorstellungen mit Hilfe der Edda benennen und darauf hinweisen, dass weder die altgermanische Kultur angsteinflößend oder destruktiv war noch, dass die Edda nur aus mordlustigen Texten besteht. Zuletzt finden wir bei Adorned Brood eine Rezeption, die durch die konzeptionelle Nutzung der Edda zur Kreation eigener Werke besteht. Das „Zauberlied der Groá“, so habe ich nachgewiesen, diente als

Vorlage für *Förd Dvalin* bzw. wurde parallelisiert. Darüber hinaus deutet die Rezeption der Edda und der inhärenten germanischen Mythen bei allen Beispielen auch immer ganz allgemein auf eine besondere Wertschätzung der alten Kultur hin.

6. Zum Abschied

Eigentlich ist es gute wissenschaftliche Tradition, in einem Schlussteil, der gerne auch als „Zusammenfassung“ oder „Resümee“ bezeichnet wird, noch einmal alle Ergebnisse Revue passieren zu lassen, sie möglicherweise abschließend zu bewerten oder vielleicht einen Ausblick auf weitere, interessante Forschungsthemen anzustrengen. Auch passiert es hin und wieder, dass die eigene Entwicklung während des Schreibens strukturiert dargelegt wird. Damit möchte ich dieses letzte Kapitel, das entgegen guter Väter Sitte „Zum Abschied“, weil es dann Ende der Reise durch die Welt der Edda und der germanischen Mythologie bedeutet, heißt, beginnen. Es war ein Kapitel mehr geplant. Eigentlich hatte sich der Autor vorgenommen, nachdem im dritten Kapitel viel über das *Nibelungenlied* und die Sagenkreise rund um die Nibelungen gesprochen wurde und nachdem das Thema im Kontext des Komponisten Richard Wagner wieder aufgekommen ist, ein längeres Kapitel zum Thema „Die Edda und das *Nibelungenlied*“ zu verfassen. Dort sollten die grundsätzlichen Parallelen dargestellt und der Sagenkreis erläutert werden. Aus Platzgründen war dies nicht mehr möglich. Bei der Forschungstätigkeit während des Schreibprozesses sind unglaublich viele relevante Dinge zu den ohnehin fest eingeplanten hinzugekommen, deren Auslassung man als Affront gegen den Leser hätte werten können, wenn nicht gar müssen. Deshalb hat sich der Autor entschieden, den weniger gefährlichen Weg zu beschreiten und auf das Kapitel über das Verhältnis von Edda zu Nibelungenlied zu verzichten. Die wesentlichsten Informationen zu dieser Thematik sind aber, so hofft der Autor als Entschädigung, im dritten Kapitel zur Lieder-Edda und Prosa-Edda klar geworden. Die übrigen

Punkte, die ich zu Beginn dieses Absatzes als akademische Tradition evoziert habe, möchte ich hier mehr berühren. Zum einen, weil ich mich einer gestrengen akademischen Tradition in diesem Kapitel bereits durch die Wahl des Titels entsagt habe; zum anderen, weil ich weder glaube, dass Bedarf besteht, noch einmal die wesentlichen Erkenntnisse dieses Buches vorgesetzt zu bekommen, noch, dass die aufbereiteten Fakten an dieser Stelle einer wissenschaftlichen und qualitativen Bewertung durch den Autor bedürfen oder, dass der Großteil der Leser hinterher ist, tief gehende Forschungsanregungen zu erhalten.

Diese Einführung hatte zu keinem Zeitpunkt das Ziel, die Ansprüche einer reinen wissenschaftlichen Monographie zu erfüllen. Vielmehr sollte sie Fakten transportieren und allgemeinverständlich darstellen. Der Autor hat versucht, dieser Zielsetzung unter dem bereits mehrfach zitierten Horaz'schen Motto eines „prodesse et delectare" gerecht zu werden. Neben der Ansammlung von faktischem Wissen sollte dieses Buch vor allem Freude bereiten, nicht langweilen oder anstrengen. Nicht umsonst wurden beispielsweise die Lieder *Völuspá* und *Grógaldr* zitiert. Die Beschäftigung mit Literatur soll Spaß machen, und was bereitet mehr Freude, als einen literarischen Text in seiner unberührten Ursprünglichkeit zu lesen und sich seine eigenen Gedanken dazu zu schmieden. Natürlich war es der herausragende Anspruch des Autors, den Leser bei seiner Reise durch die Welt der Edda zu unterstützen, ihn vielleicht auch anzuleiten; ansonsten hätte diese Einführung keinen Sinn. Die Einführung sollte grundlegende Kenntnisse vermitteln und Hinweise geben, auf welche Art und Weise man mit der anonymen Edda und der des Snorri Sturluson umgehen kann. Vielleicht mag es komisch anmuten, dass die originäre Beschäftigung mit der Edda nicht einmal 50 Prozent des Buchplatzes einnimmt. Dies geschah nicht aus fehlenden Ideen oder Kenntnissen, sondern aus der Notwendigkeit, die altnordische Kulturgeschichte im Vorfeld aufbereiten zu müssen. Denn was hilft es, es wurde bereits mehrfach darauf hingewiesen, ein mythologisches Lied zu lesen, ohne über Mythologie informiert zu sein?

Der Autor hofft, dass für Sie als Leser die Lektüre unterhaltsam und informativ war. Noch besser wäre es aber, wenn dieses Bändchen Sie dazu ermutigen und motivieren könnte, sich weiterhin mit der Edda zu beschäftigen. *Edda. Einführung* sollte für Sie eine Art literarischer Atlas oder Länderbeschreibung sein, die dabei hilft, sich zu orientieren, wohl zu fühlen und die geistige Reise durch die eddische Literatur des alten Nordens zu genießen. Wenn Sie jetzt dieses Buch schließen, aber dennoch auf Ihre persönliche Art und Weise mit der Edda verhaftet und verbunden bleiben, hat die Einführung auch ihr letztes Ziel erreicht.

Anmerkungen

[1] Das Buch wird, und so muss es sein, nach akademischen Grundsätzen geschrieben, und es beruht, natürlich, auf wissenschaftlichen Untersuchungen und Erkenntnissen. Nichtsdestotrotz wird es weitestgehend aber ohne hochwissenschaftliches und verwirrendes Gerede, das für den Nicht-Wissenschaftler wahrscheinlich völlig uninteressant ist, auskommen und sich einer allgemeinverständlichen, bisweilen vielleicht gar flapsigen Schreibweise bedienen. Dennoch wird auch der (angehende) *scholar* bei der Lektüre genügend Möglichkeiten finden, einen wissenschaftlichen Diskurs aufzunehmen und Ergebnisse dieses Buches für seine eigenen Forschungen zu benützen.

[2] Das ist natürlich Unfug und soll nur illustrieren, welchen Anspruch dieser Band *nicht* hat.

[3] Damit sind Texte gemeint, die nicht nur handbuch- und überblicksartiges Wissen vermitteln.

[4] Carol Clover / John Lindow: Old Norse-Icelandic Literature. A Critical Guide. Ithaca 1985

[5] Heiko Uecker: *Geschichte der altnordischen Literatur.* Stuttgart 2004

[6] Das Standardwerk von Rudolph Simek *Lexikon der germanischen Mythologie* war übrigens nicht greifbar. Es wurde erst nach Abschluss dieser Arbeit neu aufgelegt. Deswegen kann auf die Einträge bei Simek nicht zurückgegriffen werden. Rudolph Simek / Hermann Pálsson: *Lexikon der altnordischen Literatur.* Stuttgart 1987

[7] *Götter- und Heldenlieder der Germanen.* Aus dem Altnordischen übertragen, mit Anmerkungen und einem Nachwort versehen von Arthur Häny. Zürich 1987 (Manesse Bibliothek der Weltliteratur), S. 7

[8] Simek / Pálsson, *Lexikon*, S. 396

[9] Ich werde alle Texte, die ich anspreche, auch zitieren, so dass es nicht nötig ist, sich für die Lektüre dieses Buches eine Edda-Ausgabe zu beschaffen (obwohl es sicherlich nicht schädlich sein kann, so etwas im Hause zu haben). Man wird mir auch verzeihen, dass ich die Lieder *nicht* in altnordischer, sondern in neuhochdeutscher Sprache zitieren werde.

[10] Vgl. Sie für dieses Thema die erste Monographie Oliver D. Bidlos zu Tolkien: O. D. B.: *Mythos Mittelerde.* Norderstedt 2002

[11] Bitte, dies sind nur Beispiele, und es gibt viele weitere Künstler, die sich die *Edda* für ihr eigenes Schaffen zu Eigen machen. In der Literatur jedoch werde ich mich mit Bedacht auf Tolkien beschränken und seine Rezeption detailliert analysieren. Es ist nicht möglich, alle Literaten, Maler, Bildhauer, Musiker usw. mit eigenen Abschnitten zu bedenken, da dies den quantitativen Umfang dieser Einführung sprengen würde, oder ich müsste an anderen Stellen stark kürzen, wodurch wichtiges Wissen dann nicht mehr seriös dargestellt und vermittelt werden könnte.

[12] Uecker, *Geschichte*, S. 9

[13] Vergleiche allgemein Simek / Pálsson, *Literatur*

[14] Auf dieses Buch werde ich Laufe dieses Kapitels noch eingehen.

[15] „Thing“ steht in fast allen nordischen Sprachen für „Versammlung“.

[16] „Oligarchie“ meint die ‚Herrschaft der Besten' bzw. die Herrschaft einiger weniger. Oligarchen sind demnach die Personen, die oligarchisch regieren.

[17] Darauf hat mich Dr. phil. habil. Frank Erik Pointner in einem seiner Seminare hingewiesen.

[18] Uecker, *Geschichte*, S. 16

[19] Dies war quasi offiziell erlaubt worden, aber unter der Auflage, dass es heimlich geschehe (vergleiche Uecker, *Geschichte*, S. 16).

[20] Vergleiche Uecker, *Geschichte*.

[21] Die Literatur der übrigen Länder wie Norwegen oder Dänemark werde ich ausklammern, denn im Kontext dieser Einführung würde eine Behandlung der gesamten nordischen Literatur keinen Sinn machen bzw. zu weit weg führen.

[22] Uecker, *Geschichte*, S. 24

[23] Ebd.

[24] Ebd.

[25] Ebd.

[26] Ebd.

[27] Ebd.

[28] Vgl. ebd.

[29] Ebd.

[30] Simek / Pálsson, *Lexikon*, S. 132

[31] Uecker, *Geschichte*, S. 25

[32] Ebd., S. 26

[33] Ebd.

[34] Ebd., S. 30

[35] Ebd., S. 31

[36] Vergleiche ebd., S. 38ff.; zur mystischen Literatur des Mittelalters vergleiche bei Interesse Uta Störmer-Caysa: *Einführung in die mittelalterliche Mystik*. Stuttgart 1998

[37] Vgl. Uecker, *Geschichte*, S. 44f.

[38] Ebd., S. 44

[39] Vgl. Simek / Pálsson, *Lexikon*, S. 183

[40] Uecker, *Geschichte*, S. 45

[41] Simek / Pálsson, *Lexikon*, S. 183

[42] Ebd.

[43] Uecker, *Geschichte*, S. 44f.

[44] Ebd., S. 51

[45] Ebd., S. 53

[46] Uecker, *Geschichte*, S. 62

[47] Ebd., S. 62f.

[48] Vergleiche Simek / Pálsson, *Lexikon*, S. 222

[49] Uecker, *Geschichte*, S. 73

[50] Simek / Pálsson, *Lexikon*, S. 191

[51] Uecker diskutiert die Gattungsunterschiede zwischen der Isländersaga und der historiographische Literatur äußerst detailliert; bei Interesse verweise ich auf Uecker, *Geschichte*, S. 114ff.

[52] Uecker, *Geschichte*, S. 114

[53] Simek / Pálsson, *Lexikon*, S. 191

[54] Simek / Pálsson, *Lexikon*, S. 190

[55] Ebd., S. 191

[56] Uecker, *Geschichte*, S. 121

[57] Ebd., S. 124

[58] Ebd.

[59] Ebd.

[60] Ebd., S. 171

[61] Ebd., S. 172

[62] Ebd.

[63] Simek / Pálsson, *Lexikon*, S. 292

[64] Zum Problem der Märchensagas vergleiche ebd.

[65] Vgl. Pétursson, Magnús: *Lehrbuch der isländischen Sprache. Mit Übungen und Lösungen.* 3., durchgesehene Auflage. Hamburg 1992, S. 8

[66] Allen, die in meiner Aufzählung das Finnische vermissen, sei nur gesagt, dass Finnisch *nicht* zu den germanischen oder besser: indogermanischen Sprachen, sondern zur finnougrischen Sprachfamilie gehört.

[67] Pétursson, *Sprache*, S. 7

[68] Heusler, Andreas: *Altisländisches Elementarbuch.* Siebente, unveränderte Auflage. Heidelberg 1967, S. 7

[69] Heusler, *Elementarbuch*, S. 10

[70] Pétursson, *Sprache*, S. 7

[71] Dies ist im mittel- und vor allem althochdeutschen nur bedingt oder überhaupt nicht möglich, wie wir an den Textbeispielen in den entsprechenden Kapiteln noch sehen werden.

[72] Vergleiche Pétursson, *Sprache*, S. 8

[73] Gero von Wilpert: *Sachwörterbuch der Literatur.* 7., verbesserte und erweiterte Auflage. Stuttgart 1989, S. 599

[74] Ebd.

[75] Ebd., S. 600

[76] Ebd.

[77] Ebd.

[78] Paul Hermann: *Nordische Mythologie.* Herausgegeben von Thomas Jung. Berlin[5] 2004, S. 7

[79] Vergleiche zu ‚atmosphärischen' Auseinandersetzung mit der Mythologie die Einleitung von Thomas Jung (ebd.)

[80] Wolfgang Golther: *Handbuch der Germanischen Mythologie.* Mit einem Vorwort von Dr. Hans-Jürgen Hube. Wiesbaden 2004

[81] Ebd., S. 104

[82] Ebd., S. 105

[83] Hermann, *Nordische Mythologie*, S. 19

[84] Golther, *Germanische Mythologie*, S. 112

[85] Hermann, *Nordische Mythologie*, S. 47

[86] Vergleiche ebd., S. 47-65

[87] Ebd., S. 67

[88] Vergleiche ebd., S. 67ff.

[89] Ebd., S. 69

[90] Ebd.

[91] Ebd., S. 67
[92] Ebd.
[93] Ebd., S. 77
[94] Ebd.
[95] Ebd.
[96] Ebd., S. 76
[97] Ebd., S. 79
[98] Ebd.
[99] Ebd., S. 89
[100] Ebd.
[101] Ebd., S. 79
[102] Vgl. ebd., S. 81f.
[103] Ebd., S. 83
[104] Ebd., S. 82
[105] Ebd.
[106] Alle Informationen nach ebd.
[107] Ebd., S. 83
[108] Ebd.
[109] Ebd.
[110] Vgl. ebd.
[111] Ebd., S. 93
[112] Ebd., S. 95
[113] Ebd.
[114] Ebd., S. 98
[115] Für streng wissenschaftliche Darstellungen, die bevorzugt auf Begriffsetymologien hinweisen und die Ursprünge der Mythologie sowie ihre Verwandtschaften zu anderen Kulturkreisen darstellen, vergleiche Golther, *Germanische Mythologie* und Hermann, *Nordische Mythologie.*
[116] In meinem Abriss finden sich nur solche Begriffe, die direkt für die Behandlung der eddischen Texte wichtig sind. Deswegen fehlen Einträge wie „Asgardareid“ (Wotans wilde Jagd), so interessant sie auch sein mögen. Das Standardwerk von Rudolph Simek *Lexikon der germanischen Mythologie* war übrigens nicht greifbar. Es wurde erst nach Abschluss dieser Arbeit neu aufgelegt.
[117] Vgl. z.B. hierzu Herrmann, *Nordische Mythologie*, S. 331ff.
[118] Vgl. Golther, *Germanische Mythologie*, S. 634ff.

[119] Zu den Asen vgl. auch Hermann, *Nordische Mythologie*, S. 152ff.

[120] Zu Loki und seinen ‚höllischen Verwandten' vgl. vor allem Golther, *Germanische Mythologie*, S. 488ff.

[121] Vgl. Golther, *Germanische Mythologie*, S. 205ff. und Hermann, *Nordische Mythologie*, S. 99ff.

[122] Der Weltenbrand hat in der deutschen Geschichte eine traurige Tradition: Auch der Schlächter Hitler wollte die Welt in einem großen Brand, in seinem persönlichen Muspili, untergehen sehen, um sie dann später nach seinen Vorstellungen neu zu gestalten. Den großen Weltenbrand hätte er fast ausgelöst in seinem Krieg mit fast 60 Millionen Toten, die Neugestaltung durch ihn blieb uns Gott sei Dank erspart.

[123] Uecker, *Geschichte*, S. 191

[124] Vgl. dazu meine Bemerkungen im zweiten Kapitel.

[125] Uecker, *Geschichte*, S. 191

[126] Ebd.

[127] Simek / Pálsson, *Lexikon*, S. 228

[128] Vgl. meinen Vermerk oben

[129] Vergleiche als gute wissenschaftliche Einführungen, die alle relevanten Informationen transportieren Ursula Schulze: *Das Nibelungenlied.* Stuttgart 1997 und Otfried Ehrismann: *Nibelungenlied. Epoche-Werk-Wirkung.* 2., neu bearbeitet Auflage. München 2002

[130] Zur genauen Behandlung des Metrums kommen wir gleich.

[131] Kristjánsson, *Eddas und Sagas*, S. 50

[132] Zu den Götterliedern vergleiche Simek / Pálsson, *Lexikon*, S. 111 sowie Kristjánsson, *Eddas und Sagas*, S. 38ff.

[133] Vgl. dazu meine Ausführungen unten.

[134] Vgl. Kristjánsson, *Eddas und Sagas*, S. 38f.

[135] Auf dieses Lied werde ich später noch detaillierter eingehen.

[136] Kristjánsson, *Eddas und Sagas*, S. 38

[137] Zum Feld der Heldenlieder und Heldensage vergleiche Fritz Draeger: *Das germanische Heldenlied.* Berlin 1961, Klaus von See: *Germanische Heldensage. Stoffe, Probleme, Methoden. Eine Einführung.* Frankfurt am Main 1971 und Heiko Uecker: *Germanische Heldensage.* Stuttgart 1972

[138] *Die Edda. Götter- und Heldenlieder der Germanen.* Aus dem Altnordischen übertragen, mit Anmerkungen und einem Nachwort versehen von Arthur Häny. Zürich[2] 1987, S. 321

[139] Kristjánsson, *Eddas und Sagas*, S. 48

[140] Zur höfischen Gesellschaft vergleiche Joachim Bumke*: Höfische Kultur. Literatur und Kultur im hohen Mittelalter.* München[10] 2002

[141] Simek / Pálsson, *Lexikon*, S. 254

[142] Vgl. hierzu Eduard Sievers: *Altgermanische Metrik.* Halle 1893

[143] Simek / Pálsson, *Lexikon*, S. 92

[144] Ebd.

[145] Ebd.

[146] Ebd.

[147] Ebd., S. 331

[148] Richard Wagner: *Der Ring des Nibelungen. Ein Bühnenfestspiel für drei Tage und einen Vorabend. Vorabend: Das Rheingold.* Textbuch mit Varianten der Partitur. Herausgegeben von Egon Voss. Stuttgart 1999

[149] *Edda. Erster Band: Heldendichtung.* Übertragen von Felix Genzmer. Mit Einleitungen und Anmerkungen von Andreas Heusler. Jena 1923

[150] Simek / / Pálsson, *Lexikon*, S. 231

[151] Ebd.

[152] Ebd.

[153] Ebd.

[154] Ebd.

[155] Folgende sprachwissenschaftliche Informationen beziehe ich von der Seite *http://homepage.uibk.ac.at/~c30310/anwbhinw.html*

[156] Auf die Skalden gehen wir am Ende dieses Kapitels ein.

[157] Der Text stammt aus der Simrockübersetzung: *Die Edda, die ältere und jüngere nebst den mythischen Erzählungen der Skalda* übersetzt und mit Erläuterungen begleitet von Karl Simrock. Stuttgart 1878

[158] *Edda*, S. 543

[159] Ebd.

[160] Ebd.

[161] Ebd., S. 543f.

[162] Ebd., S. 544

[163] Ebd.

[164] Ebd.

[165] Ebd., S. 545

[166] Ebd.

[167] Ebd., S. 547

168 Ebd.

169 Ebd.

170 Ebd., S. 8

171 Ebd., S. 325

172 Snorri Sturluson: *Prosa-Edda. Altisländische Göttergeschichten.* Aus dem Altisländischen übertragen, mit Anmerkungen und einem Nachwort versehen von Arthur Häny. Zürich 1991, S. 217

173 Ebd.

174 „Jarl" war während der Wikingerzeit ein Fürstentitel in nordischen Ländern, die zwar dem König untergeordnet waren, aber eigene Machtzentren besaßen und, wie im Falle des Jarls Skúli in Norwegen, sich auch mit Aktionen gegen ihren Herren stellten.

175 Simek / Pálsson, *Lexikon*, S. 326

176 Snorri, *Prosa-Edda*, S. 223

177 Ebd., S. 11

178 Ebd.

179 Ebd., S. 17

180 Ebd., S. 13

181 Ebd., S. 11

182 Ebd., S. 11f.

183 Ätiologie ist die „Erklärung und Legitimation politischer, kultureller, beruflicher Einrichtungen und Riten oder auffallender Naturerscheinungen aus einer einmaligen Setzung durch Götter oder große Heroen der Vergangenheit. Im Alten Orient werden Ä[tiologie]n meist als Mythen, im A[lten] T[estament] meist als Sagen vorgetragen. So steht hinter der Paradieserzählung 1Mose 2,4ff. z. B. eine ätiologische Sage über die Entstehung des geschlechtlichen Zueinanders von Mann und Frau […]." (*Reclams Bibellexikon.* Herausgegeben von Klaus Koch, Eckart Otto, Jürgen Roloff und Hans Schmoldt. 6., verbesserte Auflage. Stuttgart 2000, S. 56)

184 Simek / Pálsson, *Lexikon*, S. 131

185 Snorri, *Prosa-Edda*, S. 12

186 Vgl. ebd., S. 124

187 Ebd., S. 13

188 Ebd., S. 12

189 Simek / Pálsson, *Lexikon*, S. 317

190 Ebd.

[191] Ebd., S. 318

[192] Ebd.

[193] Ebd., S. 319

[194] Ebd., S. 131

[195] Ebd.

[196] Wilpert: *Sachwörterbuch*, S. 688

[197] Aristoteles: *Poetik*. Griechisch / Deutsch. Übersetzt und herausgegeben von Manfred Fuhrmann. Bibliographisch ergänzte Ausgabe. Stuttgart 1994

[198] Simek / Pálsson, *Lexikon*, S. 319

[199] Ebd., S. 206

[200] Snorri, *Prosa-Edda*, S. 156

[201] Ebd. ff.

[202] Ebd., S. 129

[203] Ebd.

[204] Ebd.

[205] Simek / Pálsson, *Lexikon*, S. 150

[206] von Wilpert, *Sachwörterbuch*, S. 571

[207] Ebd.

[208] Ebd.

[209] Simek / Pálsson, *Lexikon*, S. 150

[210] Beide Sprüche zitiere ich nach *Althochdeutsche Literatur. Eine Textauswahl mit Übertragungen.* Herausgegeben von Horst Dieter Schlosser. Berlin 1998, S. 108

[211] Meine Übertragung folgt im Wesentlichen Schlosser, *Althochdeutsche Literatur*, S. 109; an einigen Stellen weiche ich geringfügig ab. Auf die Probleme der Übersetzung und anschließenden Interpretation werde ich im Verlaufe dieses Kapitels eingehen. Eine Klärung der Probleme ist hier aber nicht zu erwarten: Genug wurde bereits darüber geschrieben und spekuliert, ohne dass ein endgültiges und vor allem absolut nachvollziehbares Ergebnis geliefert worden wäre.

[212] Im Folgenden werde ich keine vollständige, wissenschaftliche Textlesung der beiden *Merseburger Zaubersprüche* liefern, sondern nur Grundsätzliches zum Inhalt und Spezifisches im Hinblick auf den Einfluss der germanischen Mythologie sowie vergleichbarer eddischer Texte. Für genaue Interpretationen vergleiche die ausführliche Bibliographie am Ende dieses

Bandes bzw. die von mir zitierten Arbeiten zu den althochdeutschen Texten.

213 Selbst wenn die *Merseburger Zaubersprüche* später als die vergleichbaren eddischen Lieder geschrieben worden wären, müsste es schon ein großer Zufall sein, wenn dem Autor ein oder mehrere Lieder der Edda vorgelegen hätten.

214 Dafür gibt es mehrere Gründe: Zuerst einmal der offensichtlich heidnische Grundgedanke durch Benutzung der germanischen Mythologie als Rahmen und durch Nutzung mythologischer Geschehnisse als handlungstragende Momente ohne jegliche Andeutung irgendwelcher christlicher Versatzstücke (wiewohl es auch dazu neuere Thesen gibt, die vor allem den zweiten Spruch christlich lesen möchten); dazu die ‚Gattung' des Zauberspruches, den es in christlichen Kulturen nicht gibt (und zur Zeit der Niederschrift beherrscht das Christentum ja bereits ganz Europa!); und nicht zuletzt das klassische Metrum der altgermanischen *oral poetry*, der Stabreim.

215 Es versteht sich aber von selbst, dass in diesem Kapitel nicht wieder auf die Mythologie eingegangen werden kann; alle mythologischen Aspekte, die hier von Relevanz sein werden, wurde schon eingehend im dritten Kapitel behandelt.

216 Erinnern Sie sich an meine Ausführungen zur Metrik und dem Stabreim.

217 Zum Gesetz der Dreiheit und dem Zauberbegriff generell vergleiche Felix Genzmer: „Germanische Zaubersprüche", in: *Germanisch-romanische Monatsschrift* NF 1 (1950), S. 21-35

218 Vergleichen Sie meine Darstellung der Walküren und ihrer Aufgaben in Kapitel III.

219 Gerhard Eis: *Altdeutsche Zaubersprüche*. Berlin 1964, S. 61ff.

220 Ebd., S. 61

221 Und wenn man sich noch einmal vor Augen führt, welche Rolle die Walküren im germanischen Weltbild spielten, so mögen einem tatsächlich Zweifel kommen, ob diese Frauen sich wirklich karitativ um andere gekümmert haben könnten.

222 Simek / Pálsson, *Lexikon*, S. 344

223 Ebd.

224 Ebd.

[225] Vergleiche ebd., S. 121; durch die Zeitangabe, die der Artikel liefert, wird auch schon klar, dass kein direkter Einfluss bestehen kann, dessen Nachweis aber auch überhaupt nicht Ziel war bzw. ist.

[226] Simrock, *Edda*

[227] Simek / Pálsson, *Lexikon*, S. 85

[228] Vergleiche meine Ausführungen oben und beachte wiederum ebd., S. 344

[229] Hellmut Rosenfeld: „*Phol Ende Wuodan Vuoron Zi Holza*. Baldermythe oder Fohlenzauber?“, in: *PBB* 95 (1973), S. 1-12

[230] Ebd., S. 5

[231] Ebd.

[232] Genzmer, „Germanische Zaubersprüche“, S. 30ff.

[233] Dieter Kartschoke: *Geschichte der deutschen Literatur im frühen Mittelalter.* 3., aktualisierte Auflage. München 2000, S. 122

[234] Genzmer, *Germanische Zaubersprüche*, S. 31

[235] Wie ich in der Einleitung bereits sagte, kann ich hier nur einen ganz kurzen Überblick leisten. Es gibt mehr Bands und Schriftsteller, die ich aber hier im Einzelnen nicht nennen kann. Meine Auswahl ist völlig willkürlich aus dem großen Pool derer getroffen, die sich künstlerisch mit der Edda befassen, und soll niemanden beleidigen oder zurücksetzen – aber irgendwie und irgendwo bin ich gezwungen, meine Auswahl zu begrenzen.

[236] John Ronald Reuel Tolkien: *The Lord of the Rings*. London[62] 1999

[237] John Ronald Reuel Tolkien: *The Silmarillion.* Edited by Christopher Tolkien. London[49] 1999

[238] Oliver D. Bidlo: *Mythos Mittelerde. Über Hobbits, Helden und Geschichte in Tolkiens Welt.* Norderstedt 2002, S. 87

[239] Tolkien, *Silmarillion*, S. 37

[240] Richard Purtill: *J. R. R. Tolkien. Myth, Morality, and Religion.* San Francisco 2003, S. 38

[241] Mit der Rezeption der Edda im 18. und 19. Jahrhundert hat sich der Münchener Wissenschaftler Klaus Böldl in seiner Habilitationsschrift umfassend auseinander gesetzt: Klaus Böldl: *Der Mythos der Edda. Nordische Mythologie zwischen europäischer Aufklärung und nationaler Romantik.* Tübingen 2000

[242] Ebd., S. 268

[243] Ebd.

[244] Richard Wagner: *Mein Leben.* Vollständige, kommentierte Ausgabe. Hg. von Martin Gregor-Dellin. München 1976. Zitiert nach Böldl, *Mythos der Edda*, S. 270

[245] Ebd.

[246] Ebd., S. 274

[247] Ebd.

[248] Ebd.

[249] Ebd.

[250] Taunusheim: *Nebelkämpfe.* Schwarzdorn Production 2005

[251] Die folgenden Informationen sind aus einem *persönlichen* Gespräch mit dem Sänger der Band hervorgegangen.

[252] Vergriffen

Literaturverzeichnis

Primärliteratur

Althochdeutsche Literatur. Eine Textauswahl mit Übertragungen. Herausgegeben von Horst Dieter Schlosser. Berlin 1998

Aristoteles: *Poetik.* Griechisch / Deutsch. Übersetzt und herausgegeben von Manfred Fuhrmann. Bibliographisch ergänzte Ausgabe. Stuttgart 1994

Das Nibelungenlied. Mittelhochdeutsch / Neuhochdeutsch. Nach dem Text von Karl Bartsch und Helmut de Boor ins Neuhochdeutsche übersetzt und kommentiert von Siegfried Grosse. Durchgesehen und verbesserte Ausgabe. Stuttgart 2002

Die Edda - die ältere und jüngere nebst den mythischen Erzählungen der Skalda übersetzt und mit Erläuterungen begleitet von Karl Simrock. Siebente verbesserte Auflage. Stuttgart 1878.

Die Edda. Götter- und Heldenlieder der Germanen. Aus dem Altnordischen übertragen, mit Anmerkungen und einem Nachwort versehen von Arthur Häny. Zürich[2] 1987

Edda. Erster Band: Heldendichtung. Übertragen von Felix Genzmer. Mit Einleitungen und Anmerkungen von Andreas Heusler. Jena 1923

Edda. Zweiter Band: Götterdichtung und Spruchdichtung. Übertragen von Felix Genzmer. Mit Einleitung und Anmerkungen von Andreas Heusler. Jena 1922

Snorri Sturluson: *Prosa-Edda. Altisländische Göttergeschichten.* Aus dem Altisländischen übertragen, mit Anmerkungen und einem Nachwort versehen von Arthur Häny. Zürich 1991

Tolkien, John Ronald Reuel: *The Lord of the Rings.* London[62] 1999

Tolkien, John Ronald Reuel: *The Silmarillion.* Edited by Christopher Tolkien. London[49] 1999

Wagner, Richard: *Der Ring des Nibelungen. Ein Bühnenfestspiel für drei Tage und einen Vorabend. Vorabend: Das Rheingold.* Textbuch mit Varianten der Partitur. Herausgegeben von Egon Voss. Stuttgart 1999

Sekundärliteratur

Bidlo, Oliver D.: *Mythos Mittelerde. Über Hobbits, Helden und Geschichte in Tolkiens Welt.* Norderstedt 2002

Böldl, Klaus: *Der Mythos der Edda. Nordische Mythologie zwischen europäischer Aufklärung und nationaler Romantik.* Tübingen 2000

Bumke, Joachim: *Höfische Kultur. Literatur und Kultur im hohen Mittelalter.* München[10] 2002

Clover, Carol / Lindow, John: *Old Norse-Icelandic Literature. A Critical Guide.* Ithaca 1985

Draeger, Fritz: *Das germanische Heldenlied.* Berlin 1961

Eis, Gerhard: *Altdeutsche Zaubersprüche.* Berlin 1964

Ehrismann, Otfried: *Nibelungenlied. Epoche-Werk-Wirkung.* 2., neu bearbeitet Auflage. München 2002

Genzmer, Felix: „Germanische Zaubersprüche", in: *Germanisch-romanische Monatsschrift* NF 1 (1950), S. 21-35

Golther, Wolfgang: *Handbuch der Germanischen Mythologie.* Mit einem Vorwort von Dr. Hans-Jürgen Hube. Wiesbaden 2004

Hermann, Paul: *Nordische Mythologie.* Herausgegeben von Thomas Jung. Berlin[5] 2004

Heusler, Andreas: *Altisländisches Elementarbuch.* Siebente, unveränderte Auflage. Heidelberg 1967

Kartschoke, Dieter: *Geschichte der deutschen Literatur im frühen Mittelalter.* 3., aktualisierte Auflage. München 2000

Kristjánsson, Jónas: *Eddas und Sagas. Die mittelalterliche Literatur Islands.* Hamburg 1994

Pétursson, Magnús: *Lehrbuch der isländischen Sprache. Mit Übungen und Lösungen.* 3., durchgesehene Auflage. Hamburg 1992

Purtill, Richard: *J. R. R. Tolkien. Myth, Morality, and Religion.* San Francisco 2003

Reclams Bibellexikon. Herausgegeben von Klaus Koch, Eckart Otto, Jürgen Roloff und Hans Schmoldt. 6., verbesserte Auflage. Stuttgart 2000

Rosenfeld, Hellmut: „*Phol Ende Wuodan Vuoron Zi Holza.* Baldermythe oder Fohlenzauber?“, in: *PBB* 95 (1973), S. 1-12

Schulze, Ursula: *Das Nibelungenlied.* Stuttgart 1997

von See, Klaus: *Germanische Heldensage. Stoffe, Probleme, Methoden. Eine Einführung.* Frankfurt am Main 1971

Sievers, Eduard: *Altgermanische Metrik.* Halle 1893

Simek, Rudolph / Pálsson, Hermann: *Lexikon der altnordischen Literatur.* Stuttgart 1987

Störmer-Caysa, Uta: *Einführung in die mittelalterliche Mystik.* Stuttgart 1998

Uecker, Heiko: *Geschichte der altnordischen Literatur.* Stuttgart 2004

Uecker, Heiko: *Germanische Heldensage.* Stuttgart 1972

von Wilpert, Gero: *Sachwörterbuch der Literatur.* 7., verbesserte und erweiterte Auflage. Stuttgart 1989

Einführungen aus dem Oldib Verlag

Frank Weinreich: **Fantasy**. Einführung.
Tanja Bidlo: **Theaterpädagogik**. Einführung.
Oliver Bidlo: **Vilém Flusser**. Einführung.
Andreas Spahn: **Hermeneutik**. Einführung.
Christian Spahn: **G.W.F. Hegel**. Einführung.

Thepakos+

Interdisziplinäre Zeitschrift für Theater und Theaterpädagogik

Thepakos+ wirft 3-mal jährlich einen interdisziplinären Blick auf das Theater und die Theaterpädagogik und versucht hierbei neue und innovative Wege zu gehen. Sie belässt es nicht nur bei einer rein wissenschaftlich-theoretischen Auseinandersetzung, sondern weitet Ihre Ideenschau - dem Wesen des Faches nach - auf ästhetische und praktische Bereiche aus. Dergestalt liegt ihr die Form des Versuches zugrunde; ein Probieren, Suchen und Scheitern will ausloten. In der Kombination von Theorie, Praxis und Ästhetik folgt die Zeitschrift einem radikalen Möglichkeitsdenken, das es daran anschließend überzusetzen gilt in ein Wahrscheinlichkeitsdenken. Es finden sich Perspektiven aus der Theaterpädagogik, Soziologie, Philosophie, Pädagogik, Theaterwissenschaft, Germanistik oder der Kommunikationswissenschaft, die sich in unterschiedlichen Beiträgen niederschlagen.

Nähere Informationen und Bestellmöglichkeit unter www.oldib-verlag.de oder schreiben Sie einfach an: info@oldib-verlag.de